はじめての大人向けLIVEフォニックス!

PHONICS DRILL BOOK

フォニックス〈発音〉練習BOOK CD BOOK

ジュミック今井 [著]
Jumique Imai

JN312198

明日香出版社

はじめに

　皆さんこんにちは。この本の著者、ジュミック今井です。私とフォニックスとの出会いは今から十数年前、札幌で児童英会話スクールの講師をしている時のことでした。当時そのスクールではフォニックス学習を授業の導入部分にあてており、新米講師であった私は研修の場で初めてフォニックスの存在を知りました。その日のことは今でもはっきりと覚えています。研修初日にフォニックスのテキストを開き、授業で使う映像教材を目にした瞬間…「私が求めていたのはこれだ！」と直感的に悟ったのです。いわゆる"ビビビとくる"あの感じです。月並みの表現ですが、こんなにすごいものがあったのか！　と、文字通り全身に稲妻が走ったかのような衝撃を受けました。当時、英語を学ぶ上で土台となる何かがあるに違いないと信じていた私にとって、フォニックスの存在はこれまでの英語学習に対する考え方を180度変える大きなインパクトを与えました。現在は独立し、自身が主宰する小さな教室を運営、主に社会人を中心に英会話とフォニックスを教えていますが、以来、自分の教室の中だけではなく、いつか英語を学ぶ日本中の人たちにもフォニックスの存在を知ってもらえたら、という夢を抱くようになりました。

　そんな中、1つの大きな転機が訪れたのは2005年でした。明日香出版社さんより『フォニックス〈発音〉トレーニングBOOK』の出版の機会を与えていただきました。ありがたいことに実にたくさんの方々にこの本を手に取っていただいており、出版から4年経った今でも「フォニックスのおかげで英語の勉強がとても楽しくなった」という嬉しい感想を頂戴しております。その翌年2006年には『実践フォニックス〈会話〉トレーニングBOOK』を刊行、この度フォニックス本の3冊目にあたる『ドリル式フォニックス〈発音〉練習BOOK』を出版する運びとなりました。

　さて、これまでの2冊と『ドリル式フォニックス〈発音〉練習BOOK』の大きな違いは、単語が穴うめ（空欄）形式になっている点です。ターゲットとなるフォニックスの文字を空欄にすることで、普段何気なく見ている単語の「文字」の部分に意識が注がれますので、文字の「音」に対する集中力が高まります。また、タイトルに「ドリル式」とありますが、ドリル学習とは知識や技術を習得するために何らかの行為を繰り返し行う学習法です。これはいわゆる「繰り返し学習」とも言えますが、本書におけるフォニックスのドリル学習では、シャドーイングという訓練法を通して発音矯正を行います。既刊の『フォニックス〈発音〉トレーニングBOOK』および『実践フォニックス〈会話〉トレーニングBOOK』は、教本としての要素を多く含んでおりますが、『ドリル式フォニックス〈発音〉練習

BOOK』は "書き込み式" という点において、教本のみならず練習帳としても活用できます。なお、本編に登場する英単語は中学生レベルのものを採用していますので、この1冊で基本の英単語をしっかりとマスターすることができます。

最後にこの本を出版するにあたり、たくさんの方にお世話になりました。読者モニター会にご参加くださった皆さん、代官山英会話教室の生徒さん、貴重なご意見をありがとうございました。そして、この本の作成にあたり編集の労を取ってくださった明日香出版社の小野田さんをはじめ、スタッフの皆さんに感謝の意を申し上げます。

本書が皆さんの発音向上の一助となれば、また、フォニックスの楽しさを知るきっかけとなれば、執筆者としてこれ以上の喜びはありません。

ジュミック 今井
2009年8月

Contents

はじめに　002
フォニックスとは？　006

PART I

実践！ フォニックスのシャドーイング・ドリル　011

Chapter 1　1字つづりの子音　015
Consonants

B, P, Hard C, K, Hard G, T, D, M, N, F, V, S, Z, L, R, X, H, J, W, QU, Y, Soft C, Soft G

Chapter 2　1字つづりの母音　067
Short Vowels

Short A, Short E, Short I, Short O, Short U

Chapter 3　二重子音字　085
Consonant Digraphs

CH, SH, 息のTH, 声のTH, GH & PH, WH, CK, NG

Chapter 4　子音ブレンド　105
Consonant Blends

ST, SC & SK, SP, SQU, SW, SM, SN, CL, FL, PL, SL, BL, GL, TR, CR, FR, PR, BR, DR, GR, SPL, SPR, THR, STR, SCR

Chapter 5　母音ペア 1　159
Vowel Pairs 1

AI & AY, IE〔1〕, IE〔2〕, UE & UI, EA & EE, OA & OW

Chapter 6　母音ペア 2　177
Vowel Pairs 2

OI & OY, OU & OW, EW, EI, 短いOO, 長いOO, AU & AW

Chapter 7　Rのついた母音　　　　　　　　　　　195
　　　　　R-Controlled Vowels
　　　AR, OR & ORE, ER & IR & UR, AIR & ARE,
　　　EAR & EER, IRE, OUR & OWER

Chapter 8　サイレントE　　　　　　　　　　　　213
　　　　　Silent E
　　　A_E, I_E, O_E, U_E, E_E

Chapter 9　その他のフォニックス　　　　　　　　227
　　　　　Other Rules
　　　LY & LLY, AL & ALL, S & SI

PART II　これで完璧！ 日常単語を使ってフォニックスをものにする！　235

子音編　*Consonants*　　　　　　　　　　　238
・果物に関する単語　・乳製品と調味料に関する単語　・部屋に関する単語
・病気やけがに関する単語　・趣味に関する単語　・銀行に関する単語
・学校の教科に関する単語　・オフィスに関する単語　・魚に関する単語
・病院に関する単語

母音編　*Vowels*　　　　　　　　　　　　　　248
・料理に関する単語　・交通に関する単語　・飲み物に関する単語
・体に関する単語　・記号と形に関する単語　・自然に関する単語
・国名の単語　・空港に関する単語　・洋服に関する単語
・車に関する単語

子音と母音の混合編　*Consonants & Vowels*　258
・野菜に関する単語　・キッチンに関する単語　・ペットに関する単語
・色の単語　・季節と天気に関する単語　・楽器に関する単語
・スポーツに関する単語　・家族に関する単語　・野生動物に関する単語
・コンピューターに関する単語

発音記号対比表　　　　　　　　　　　　　　　　269

カバーデザイン：三角 年美　　本文イラスト：末吉 喜美（アスカデザイン室）

フォニックスとは？

● **フォニックスは英語のつづり字と音の関係を示したルールである!**

フォニックスはアメリカやイギリスなどの英語圏の子供が学ぶつづり字と音の関係を示したルールです。例えば、就学前のネイティブスピーカーの子供は、机の上のカバンを見た時に **bag** と正しく言えても、この段階ではまだそれをきちんと文字にすることができません。そこで、学校の授業や家庭学習を通してフォニックスを学び「読み書き」を習得していきます。当然のことながら、彼らも私たちと同様に英単語のつづり方を生得的に獲得していたわけではないのです。

目と耳で覚える

この過程にフォニックス学習を導入。

フォニックス学習の導入
(目と耳で覚えた言葉を文字に置き換える)

| B | A | G |
| ブ | + ア + | グ |

● 英語を習得したければ、基本の基本に帰るべし!

　ちなみに、イギリス人の友人にフォニックスのことを覚えているかどうかを聞いたところ、彼女の返事は「勉強したことは記憶しているが、具体的に何をしたかはほとんど覚えていない」というものでした。これは当然と言えば当然の答えかもしれません。なぜならそれは私たちがすんなりと五十音を暗唱できることに似ているからです。実際、「あ」から「ん」までそらで言えたとしても、どうやってそれを学んだのかと聞かれると、恐らくは具体的な答えに困るはずです。私の場合も五十音表を使って、母親と一緒に「あいうえお…」と音読練習をした程度のぼんやりとした記憶しかありません。このように英語に限らずネイティブスピーカーにとっての母語は、本来無意識のうちに獲得されるものですから、どうやって文字の音を覚えたのかというのをいちいち覚えていないのは、しごく当たり前のことと言えるでしょう。しかしながら、英語のノンネイティブスピーカーである成人学習者の私たちが、アルファベットと音の規則性を意図的に、かつ意識的に学ぶことは英語力を高める上で大変有効な手段であり、実際、フォニックスの学習を通していくつものメリットを享受することができるのです。

● 英単語は複数のフォニックスのルールでできている!

　第一に、フォニックスを知ることで単語の仕組みが見えてきます。例えば、**grace**という単語はご存知ですか。「優雅」という意味の名詞ですが、実はこの単語は次の3つのルールによって構成されています。

各ルールの具体的な説明は本文を読んでいただくとして、まずここで皆さんに知っていただきたいのは、英単語のつづり字はただやみくもに羅列されているのではなく、複数のフォニックス・ルールによって構成されているということです。a（不定冠詞）などは除くとして、原則、英単語は2つ以上のフォニックス・ルールの集合体です。この概念は英語のつづりの仕組みを知る上でとても重要と言えます。なぜなら、英語のつづりは単語間において交換可能であることが分かるからです。例えば grace の gr を tr に取り換えると trace（跡）になります。今度は trace の c を d に変えると、どうなるでしょう。trade（貿易）ですね。もちろん、発音記号で単語の読み方を調べることも1つの方法ですが、フォニックス・ルールを知っていれば、そのような手間はもはや不要なのです。

　また、つづりと音のルールが分かるようになると、耳で聞いた音を文字におこすことが可能となるので、ディクテーションにも役立ちます。英単語はいわば着せ替え人形と一緒です。「型」さえ決まれば、あとはどんな服でも着せ替えることができるのです。なお、ここで言う「型」とは「フォニックス・ルール」のことですが、単語のつづりを

基本の型に当てはめてみて、もしも型に合わなければ例外ということですから、それらについての暗記も時には必要と言えるでしょう。しかしながら、そもそも基本を知らなければ、どれが規則でどれが不規則なのかも分かりません。逆説的なとらえ方かも知れませんが、「規則から不規則を学び、不規則から規則を学ぶ」、これこそがフォニックスの幹なのです。実際のところ、英語のつづりの約7割はフォニックスのルールに則っていると言われているので、例外があると言ってもかなりの確率でフォニックスのルールが適用されているのです。

● **フォニックスのルールを習得し、発音力を鍛えるべし!**

　さて、2つ目の恩恵はフォニックスの学習を通して、皆さんの発音が画期的に良くなるということです。先にお話ししたように、英米の子供たちがフォニックスを学ぶ理由は「耳で聞いた音を文字にする」というものですが、私たち日本人がフォニックスを学ぶメリットは、単に音を文字におこすにとどまりません。むしろ、私たちは暗記で相当数の単語を覚えさせられてきたので、つづることはそれほど苦手ではないはず。しかし、発音となると大手を振って自信があると言える人がどれ程いるでしょう。「きれいな発音で通じる英語を話したい」、これは日本人共通の願いではないでしょうか。フォニックスはそんな皆さんの願いを叶えるお手伝いをしてくれます。もちろん、この本のCDを聞き流しているだけでは発音は向上しません。文字の音に集中し、繰り返し聞き、繰り返し音読し、自分の苦手な音を知ることが大切です。なお、耳で聞いた音や言葉をすんなりと発話することのできるネイティブスピーカーにとってこの恩恵はすでに与えられた能力ですから、彼らに発音の練習は特に必要ないと言えますが、私たちはそうではありません。私たちはこの能力を大いに開花させる必要があるのです。フォニックス学習を通して得た「音から文字へ」そして「文字から音へ」の相互作用は英語の学習上、計り知れない恩恵をもたらします。特に「文字から音へ」に特化した学習は、発音の苦手な人に大きな力を与えます。「つづりと音のルールを頭で覚え、頭で学んだ正しい音の作り方を口からアウトプットする」、この一連のプロセスを踏むことで英語の発音に自信がつきます。そして、発音の学びは決して小さな世界にとどまるものではありません。その先には英語の楽しいコミュニケーションが待っています。言うならば、フォニックスは「ミクロ」から「マクロ」への道先案内人なのです。

PART I

実践!
フォニックスの
シャドーイング・ドリル

メトロノームのリズムに合わせてネイティブスピーカーが単語を読み上げます。最初のうちは文字を見ないで音読を行いましょう。
shadowingのshadowは「影」のこと。文字が表す通り、"shadow"のようにフォニックスの音にぴったり寄り添い、どんどん声を出していきましょう。このドリルを繰り返すことで、今まで聞こえなかった音が聞き取れるようになり、苦手だった英語の発音もみるみる上達していきますよ。

◆◇ 実践！フォニックスのシャドーイング・ドリル

　Part Ⅰ では「実践！ フォニックスのシャドーイング・ドリル」と題し、シャドーイングとフォニックスを組み合わせた音読ドリルを行います。さて、皆さんはシャドーイングをご存知ですか。シャドーイング（**shadowing**）はその文字が示す通り、「影のようにあとをつける」という意味で「ネイティブスピーカーの英語を聞きながら、できるだけポーズを開けずにそれと同じ言葉や文章をそっくりそのまま音読する」学習法です。例えば、**dog cat rabbit horse** という英語が聞こえてきたら、ほぼ同時に **dog cat rabbit horse** を繰り返します。これが「イヌ　ネコ　ウサギ　ウマ…」のように日本語でしたら、言いよどむことなく楽についていけるのですが、英語の場合はそうはいかないのが現状で、シャドーイングに慣れないうちは簡単な単語でも案外、言葉に詰まることが多いのです（ましてや難易度の高い単語を含む早口の英文スピーチなどはなおさらです）。なお、シャドーイングは本来、同時通訳のトレーニング用として導入されてきたものですが、近年、一般的な英語学習においてもこの学習法が効果的であると言われるようになりました。その理由としては、ネイティブスピーカーの英語の発音を聞き、すぐさまそれを反復することで正しい発音が定着し、加えて英語の聞き取りも上達するという利点に恵まれているからです。そこで本書ではシャドーイング学習用として、**Part Ⅰ** に1,023個、**Part Ⅱ** に240個、合計1,263個の単語を用意しました。これらの単語のフォニックス・ルールを読み解くと同時に、シャドーイングを行うことで発音力も高めていきましょう。

　さて、フォニックスのシャドーイング・ドリルの学習目標は次の3つです。

① 文字の綴りが**「見える」**
② 単語の意味が**「分かる」**
③ きれいな発音で**「読める」**

　なお、この本の大きな特長は中学生レベルの単語を使用している点です。やや難易度の高い単語も含みますが、原則として皆さんがどれもよく知っているものばかりで

す。なかには「これぐらいのレベルなら大丈夫」と思う方がいるかも知れません。そういう方はすでに学習目標の②はクリアされていると言えますが、それでも①と③にはまだまだ学習の余地があるはずです。加えて、やさしい単語は音節が少ないので発音学習に最適です。また、カタカナ英語の影響からでしょうか、やさしい単語に限って発音の悪い癖がついてしまっている人が案外多いのです。ですので簡単だからと言って片づけてしまうのではなく、フォニックス・ルールの見地から学びの幅を広げていきましょう。**dog**（イヌ）であろうと **dodecagon**（12角形）であろうと、そこにフォニックスのルールが存在する限り、学ぶ価値は十分にあるのです。

PART I 実践！フォニックスのシャドーイング・ドリル

学習の進め方

❶ ～ ❺ でワンセット

❶ 本を見ないで、CDから流れてくる英語を聞こえたまま音読します。この時、単語の意味をいちいち考えていてはスピードについていけないので、ひたすら音を追いかけて声に出すことに集中しましょう。この段階では耳を英語に慣らすことを目標としているので、うまくシャドーイングできなくても心配は無用です。❶を2、3回繰り返しましょう。

❷ 本を開き、穴あき部分にフォニックスの文字を書きましょう。そうすることで単語の中の「文字」の部分に意識が注がれますので、その「音」に対する集中力が高まります。また、意味の分からない単語はここで確認しておきます。

❸ 今度は本を見ながら、シャドーイングを行います。

❹ 慣れてきたら、本を見ないで繰り返しシャドーイングを行いましょう。この段階にくると、かなり楽に英単語が口をついて出てくるはずです。

❺ 仕上げです。本を開き、自分で単語を読み上げます。自信のない箇所はCDで音を確認してください。きちんと言えれば1セットの完了です。

Chapter 1

1字つづりの子音

Consonants

B / **P** / Hard **C** / **K** / Hard **G**
T / **D** / **M** / **N** / **F** / **V** / **S** / **Z** / **L**
R / **X** / **H** / **J** / **W** / **QU** / **Y**
Soft **C** / Soft **G**

Consonants

■ 英単語の子音は骨、母音は筋肉である!

英語の音には母音と子音があり、それぞれの音には与えられた役割があります。なお、不定冠詞の **a** は1文字の単語ですが、たいていの場合、複数の子音と母音が隣り合って単語を構成します。では、pen（ペン）を例にとってみましょう。pen の母音は **E**、そして子音は **P** と **N** です。

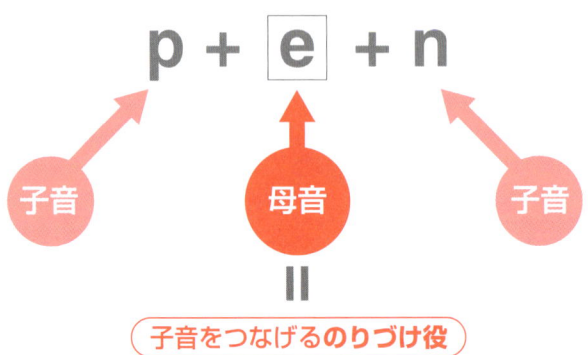

上の図が示す通り、**E** は子音の間に立ち、両隣の文字をくっつけるのりづけ役を果たしています。このイメージを人体に例えるなら、子音は骨であり母音はその骨と骨を支える筋肉と言えるでしょう。このように26文字という限られたアルファベットのなかで、骨と筋肉が様々な骨格を形成しながら、文字から単語へ、単語から文へ、そして文からパラグラフへといった具合に体格を作り上げていくのです。フォニックスは骨と筋肉を鍛える学習ですので、英語学習の中で最も大切な基礎を担っているのです。

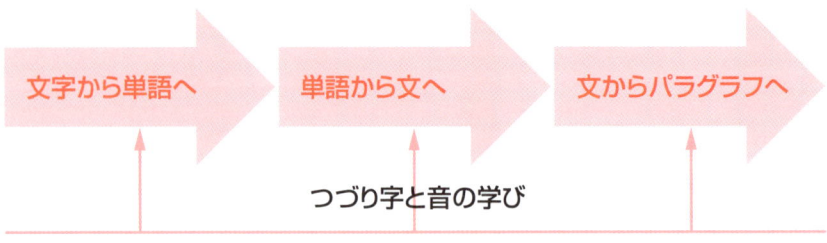

＜フォニックスは英語学習の基礎の基礎＞

1字つづりの子音

■ **フォニックスの導入として、1字つづりの子音は最適である!**

　Chapter 1に登場する1字つづりの子音は23個、すべてのつづりに決まった音のルールがあります。文字によっては複数の音を持つものもありますが、原則1字1音ですのでフォニックス学習の導入としては最適です。なお、どのルールから学習を始めるかについての厳密な決め事はありませんが、アメリカの教科書はたいてい**B**と**P**を初期導入にあてています。実際、複雑なつづりや紛らわしい音が多い母音と比べて、見たままに分かりやすい子音から学ぶというのは、実に理にかなったことだと言えます。加えて、母音よりも子音のほうが規則性も高いのです。フォニックスはもともと英語圏の子供が学ぶ書き取り学習ですが、やさしいものから始めるほうが子供のみならず大人の学習者にとっても負担が少なくて済みますし、楽しみながら学びを継続することを可能にします。

■ **子音はペアで覚えると効率が良い!**

　さて、子音は次の基準によって分類されます。①無声子音（息で作る音）または有声子音（声で作る音）のどちらなのか、②どこを使って調音するのか、③調音の様式は何か。例えば**P**は①無声音で②唇を使う③破裂音です。ちなみに**P**の有声音は**B**、**B**は①有声音で②唇を使う③破裂音です。フォニックス学習では②と③が共通の時、無声音と有声音をワンセットで学ぶのが最も効果的ですので、この本は**ABC**…**XYZ**の順番でルールは掲載されていません。「**ABC**の歌」を覚えるのならアルファベティカルが効率的でしょうが、この本で学ぶのはあくまで文字の音です。なお、②と③が共通な無声音と有声音の1字子音グループは次の通りです。

<対となる1字子音>

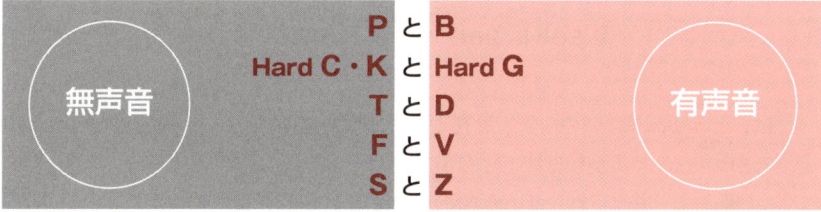

Consonants

■ ほとんどの 1 字つづりの子音は、発音記号としても使える!

　また、1字つづりの子音は覚えやすいという以外にも利点があります。それはアルファベットの小文字がそのまま発音記号として使える点です。本書では、つづり字だけで英語が読めるようになることを目標としていますが、辞書を引き発音記号を調べるのも有効な学習方法です。実際、フォニックスと発音記号を一緒に覚えることで、更なる学習効果も望めます。ちなみに、Bの発音記号は[b]、見たままに理解できますね。Xは[ks]、Jは[dʒ]、Yは[j]のように異なる発音記号もありますが、さほど数は多くありません。なお、本文ではB[b]のようにフォニックスに対応する発音記号を併記してありますので、2つを比較しながら勉強するとよいでしょう。

■ 同じ子音字が続く時、それを 1 音として発音するべし!

　さて、実際のルールに入る前に大切なルールをお話ししておきます。英語のつづりにおいて、同じ子音字が2つ続く時、それを1文字として換算します。例えば add（加える）という動詞ですが、Dが2つ続いていますね。フォニックスのDは「ドッ」と発音するので、規則に則るのなら add は「アドッドッ」になるはずですが、これが間違った発音であることは皆さんすでにお分かりのはず。そこで登場するのがこのルールです。add のDを1つ消して add にし、「アドッ」と発音します。このように同じ子音字が続く文字を重子音字と言います。重子音字を含む単語は add 以外にも jazz、pass、sell …などたくさんあります。

> ≫ **add** は **add**　　読み方は **ad**!
> ≫ **jazz** は **jazz**　　読み方は **jaz**!
> ≫ **pass** は **pass**　　読み方は **pas**!
> ≫ **sell** は **sell**　　読み方は **sel**!

　「では、どうせ読まないのなら、最初から重子音字など必要ないのではないか…」と思う方がいらっしゃるかも知れませんが、実はそうとも言えないのがフォニックスのミソです。例えば「後半の」という意味の latter（ラター）はご存知ですか。重子音

字の **TT** は1つの **T** として考えてよいので **latter** となります。では、1文字省くとどうなるでしょう。**later** ですね。ここで「あれっ?」と気づいた方は勘のいい方です。そうです、**later** では読み方が「レイター」に変わってしまうだけでなく、「後ほど」という意味の全く異なる単語になってしまいます。このように一見余分に思える子音字も、フォニックス・ルールの立場から考えると、やはり必要とされる文字なのです。

　では、説明はこの辺にして、早速ドリル練習に入りましょう!

Rule 1

CD Track 01

B

[b]

風船がいきなり割れるインパクト！

B・B・B

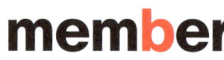

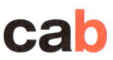

big	member	cab
大きい	メンバー	タクシー

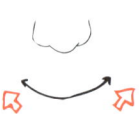

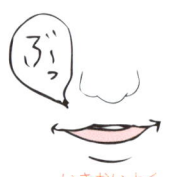

発音のヒント

ぶっ
いきおいよく
はじくように
ハナをつまんで
言ってみよう

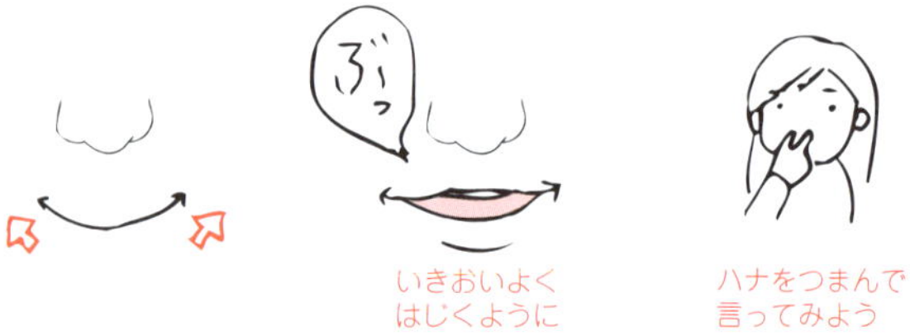

■ 発音の仕方

① 唇をしっかりと閉じます。

② 唇を一気に開いて「ブッ」と声を出します。

1字つづりの子音

Shadowing Drill
穴あき部分をうめて、
シャドーイングにチャレンジ！

▶▶ **B**

1. B B □a□y
2. B B □etter
3. B B □uy
4. B B a□out
5. B B ri□□on
6. B B clu□
7. B B jo□
8. B B su□ur□

①baby（赤ちゃん）、②better（より良い）、③buy（買う）、④about（〜について）、⑤ribbon（リボン）、⑥club（クラブ）、⑦job（仕事）、⑧suburb（郊外）

■ コメント

唇の開き方がゆっくりですと、「ぶぅ」のように余分な母音の「ぅ」がくっついてしまうので注意しましょう。ちなみにBは破裂音と言います。破裂音は調音器官（Bの場合は唇）を閉じ、呼気（口から吐き出す息）を止めた後、急に開放して発する音です。風船に息を吹き込み膨らませた後、針が刺さって「パン！」と割れる―そんなイメージで覚えましょう。

Consonants

◆◇ 実践！フォニックスのシャドーイング・ドリル

P
[p]

息を遠く、先へ先へ…と飛ばすイメージで！

P・P・P

park　　ha**pp**y　　shi**p**
公園　　　幸せな　　　船

Bと同じ
口のかたち

息を飛ばす

■ 発音の仕方

① Bと同様、唇をしっかりと閉じます。
② 閉じている唇を一気に開いて、「プッ」と息を飛ばします。

1字つづりの子音

Shadowing Drill
穴あき部分をうめて、
シャドーイングにチャレンジ！

▶▶ **P**

1. P P ☐encil
2. P P ☐et
3. P P ☐oor
4. P P su☐☐er
5. P P to☐ic
6. P P ca☐
7. P P chea☐
8. P P li☐

①pencil（鉛筆）、②pet（ペット）、③poor（貧しい）、④supper（夕食）、⑤topic（話題）、
⑥cap（野球帽）、⑦cheap（安い）、⑧lip（唇）

■ コメント

Pの音にはたくさんの呼気が必要ですので、「プッ」と言った時、その息をできるだけ遠くへ飛ばすイメージで発音します。なお、Bは声で作り、Pは息で作る音です。前者を有声音、後者を無声音と言います。喉に手のひらをあてBとPを交互に言ってみましょう。Bの時はブルブルと喉に振動を感じますが、Pは何も感じませんね。

Consonants

Hard C

[k]

クククと笑い声で!

C・C・C

corn　　record　　picnic
とうもろこし　　記録　　ピクニック

発音のヒント

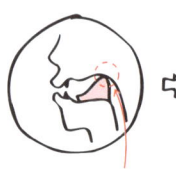

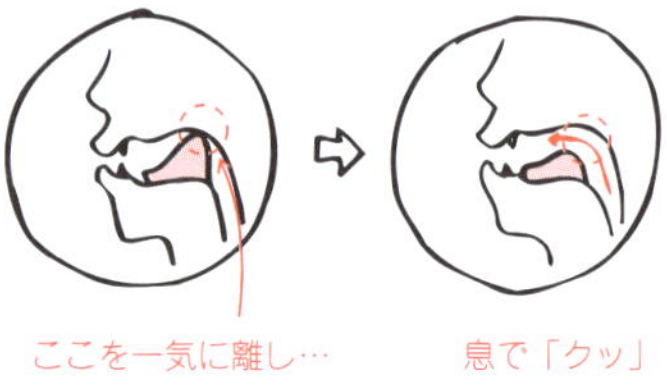

ここを一気に離し… 　息で「クッ」

■ 発音の仕方

① うがいをするつもりで喉をガラガラと鳴らします。ガラガラと鳴る喉奥が舌の付け根です。
② 喉奥の舌の付け根を持ち上げて、それを上あごにぴったりとくっつけます。
③ 息の流れが一瞬止まります。
④ 舌の付け根を上あごから一気に離して、「クッ」と息を出します。

1字つづりの子音

Shadowing Drill

穴あき部分をうめて、
シャドーイングにチャレンジ！

▶▶ Hard C

1. C C □amp
2. C C □opy
3. C C □ourt
4. C C be□ome
5. C C diffi□ult
6. C C lo□al
7. C C magi□
8. C C musi□

①camp(キャンプ)、②copy(コピー)、③court(テニスなどのコート)、④become(〜になる)、⑤difficult(難しい)、⑥local(地方の)、⑦magic(魔法)、⑧music(音楽)

■ コメント

Cには2つの音があります。1つはこの **Hard C** です。日本語では「硬いC」と呼ばれています。もう1つの C は **Soft C** と言い、読んで字の如く「軟らかいC」と言います。「軟らかいC」は Rule 22 に登場します。

Consonants

K
[k]

見た目は違えど、Hard C と同じ音!

K・K・K

親切な

サル

本

■ 発音の仕方

① Hard C と同じ音です。
② 舌の付け根を上あごにぴったりとくっつけ、息の流れを完全にシャットアウト。
③ 舌の付け根を上あごから一気に離して、「クッ」と息を出します。

1字つづりの子音

Kと読むCHもあるよ！

Shadowing Drill
穴あき部分をうめて、シャドーイングにチャレンジ！

▶ K

1. K K □eep
2. K K □ey
3. K K □iss
4. K K mar□et
5. K K spea□er
6. K K for□
7. K K in□
8. K K wee□

▶ Kと読むCH

1. CH CH □□emical
2. CH CH □□orus
3. CH CH □□aracter
4. CH CH stoma□□

①chemical（化学の）、②chorus（コーラス）、
③character（性格）、④stomach（おなか）

①keep（[状態を]保つ）、②key（鍵）、③kiss（キスをする）、
④market（市場）、⑤speaker（演説者）、⑥fork（フォーク）、
⑦ink（インク）、⑧week（週）

■ コメント

古英語ではKの使用は稀でした。そこで、その代わりに用いられたのがCなのです。しかし、後にKも併用されるようになり、現在の用法に至ります。ちなみに…kingはかつてcingとつづられた時代があったのですよ！

Consonants

Rule 5

Hard G

[g]

低く低く、おなかの底から!

G・G・G

gate 門　ti**g**er トラ　fla**g** 旗

発音の
ヒント

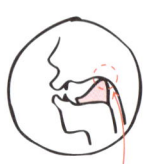
Hard C と同じく
ここを一気に離し…

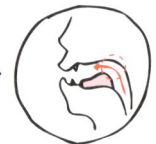
声で「グッ」

■ 発音の仕方

① **Hard C** と同様、舌の付け根を上あごにあて、息の流れを完全にシャットアウトします。
② 舌の付け根を一気に開放しながら「グッ」と低く声を出します。

1字つづりの子音

Shadowing Drill
穴あき部分をうめて、シャドーイングにチャレンジ！

▶▶ Hard G

1. G G □arden
2. G G □ift
3. G G □oods
4. G G a□o
5. G G be□in
6. G G for□et
7. G G ba□
8. G G e□□

①garden（庭）、②gift（ギフト）、③goods（商品）、④ago（前に）、⑤begin（始める）、⑥forget（忘れる）、⑦bag（カバン）、⑧egg（たまご）

■ コメント

Cに2つの音があるように、GにもHard G（硬いG）とSoft G（軟らかいG）があります。軟らかいGはRule 23に出てきます。なお、数は多くありませんが、guest（客）やguess（〜と推測する）のようにGと読む語頭のGUもあります。

Consonants

T
[t]

舌打ちみたいな音です！

T・T・T

table　a**tt**end　carro**t**
テーブル　出席する　にんじん

発音の
ヒント

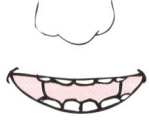
いきおいよく息を出す

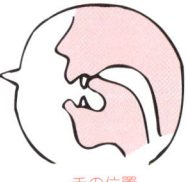
舌の位置

■ 発音の仕方

① 上前歯の裏と歯茎の境目に舌先を軽くあてます。
② 舌先を一気に離しながら、「トッ」と息を出しましょう。

1字つづりの子音

Shadowing Drill
穴あき部分をうめて、
シャドーイングにチャレンジ！

▶ T

1　T T 　□ake
2　T T 　□each
3　T T 　□op
4　T T 　bi□□er ── 有声音のTなのでbitterのように聞こえるよ
5　T T 　ho□el
6　T T 　fi□
7　T T 　limi□
8　T T 　pu□

①take（取る）、②teach（教える）、③top（頂上）、④bitter（苦い）、⑤hotel（ホテル）、
⑥fit（適合する）、⑦limit（限界）、⑧put（置く）

■ コメント

Tは無声音ですが、アメリカ英語には母音と母音に挟まれた「有声音のT」があります。このTは「ラ行」に似ており、water（水）は waler（ワラァ）、pattern（型）は pallern（パラン）のように聞こえます。実際、アメリカ人の多くはこの「有声音のT」を使いますので、併せて覚えておくとよいでしょう。ただし、hotel（ホテル）のようにTの後ろの母音に強アクセントがある場合は、Rule 6 の音で読みます。

031

Consonants

D
[d]

こちらは T のいとこ音!

D・D・D

dish i**d**ea hea**d**
皿 アイディア 頭

発音のヒント

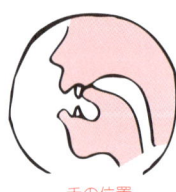
舌の位置

低く低く声を出す！
ドッ

■ 発音の仕方

① 口の構えは T と同じです。
② 舌先を上前歯の裏と歯茎の境目におきます。
③ 舌先を離しながら、喉の奥から低く「ドッ」と声を出します。

1字つづりの子音

Shadowing Drill
穴あき部分をうめて、
シャドーイングにチャレンジ！

▶▶ **D**

1. D D □ark
2. D D □ig
3. D D □oor
4. D D lea□er
5. D D mo□ern
6. D D ba□
7. D D san□
8. D D wor□

①dark（暗い）、②dig（掘る）、③door（ドア）、④leader（リーダー）、⑤modern（現代的な）、⑥bad（悪い）、⑦sand（砂）、⑧word（単語）

■ コメント

TとDは口の構えが同じで、前者が無声音そして後者が有声音です。TとD以外にもPとB、Hard C・KとHard G、FとV、SとZのように、口の構えが共通の時、無声音と有声音をワンセットで覚えるのが最も効果的な学習法です。

Rule 8

CD Track 08

M

[m]

鼻から声を出しましょう!

M・M・M

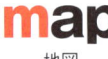

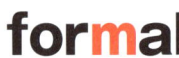

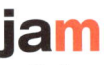

map	formal	jam
地図	正式の	ジャム

■ 発音の仕方

① P や B の口の構えと同じように、唇を閉じます。

② 鼻から「ンー」と声を抜かします。

1字つづりの子音

語尾の MB は M と読むよ!

Shadowing Drill

穴あき部分をうめて、シャドーイングにチャレンジ!

▶ M

1. M M ☐edicine
2. M M ☐ind
3. M M ☐oon
4. M M ca☐era
5. M M chi☐ney
6. M M ☐o☐ent
7. M M far☐
8. M M tea☐

▶ Mと読むMB

1. MB MB la☐☐
2. MB MB co☐☐
3. MB MB cli☐☐
4. MB MB thu☐☐

Bは黙字、発音しない文字のことだよ!

①lamb(子羊の肉)、②comb(くし)、③climb(登る)、④thumb(親指)

①medicine(薬)、②mind(精神)、③moon(月)、④camera(カメラ)、⑤chimney(煙突)、⑥moment(瞬間)、⑦farm(農場)、⑧team(チーム)

■ コメント

語尾または stamp（切手）や member（メンバー）のように P や B の前の M は「ン」と発音します。ただし、map（地図）など語頭の M は次の母音とくっついて「(ン)マップ」のように響きます。いわゆるマ行の音ですが、日本語の「マ行」ではなく…鼻から声が抜ける「(ン)マ行」です!

Consonants

Rule 9

N
[n]

気分はハミングで!

N・N・N

neck　ma**nn**er　pla**n**
首　　礼儀作法　　計画

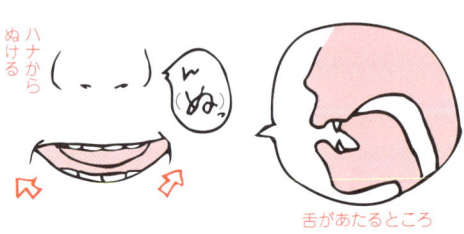

発音のヒント

舌があたるところ

■ 発音の仕方

① TやDのように口が自然に開いた状態で、舌先を上前歯の裏と歯茎の境目にあてます。
② 舌先をつけたままの状態で「ンー」と鼻から声を出します。

1字つづりの子音

> **ワンポイント**
> 語頭の KN は N と読むよ！

Shadowing Drill
穴あき部分をうめて、シャドーイングにチャレンジ！

▶ N

1. N N ☐ame
2. N N ☐ew
3. N N ☐oo☐
4. N N di☐☐er
5. N N te☐t
6. N N fu☐
7. N N lear☐
8. N N wi☐

▶ Nと読むKN

1. KN KN ☐☐ife
2. KN KN ☐☐it
3. KN KN ☐☐ock
4. KN KN ☐☐ot

（読むのは N だけ！）

①knife（ナイフ）、②knit（ニット）、③knock（ノックする）、④knot（結び目）

①name（名前）、②new（新しい）、③noon（正午）、④dinner（夕食）、⑤tent（テント）、⑥fun（楽しみ）、⑦learn（学ぶ）、⑧win（勝つ）

■ コメント

語尾または paint（ペンキ）や stand（立つ）のように T や D の前の N は「ン」と発音します。ただし net（ネット）など語頭の N は次の母音とくっつき「(ン)ネット」のように響きます。語頭の M が「(ン)マ」行であるように、N も「ナ行」ではなく…鼻から声が抜ける「(ン)ナ行」です！

Consonants

Rule 10

CD Track 10

F
[f]

悔しい時の唇を思い出して!

F・F・F

fast　o**ff**icer　lea**f**
速い　　役人　　　　葉

発音のヒント

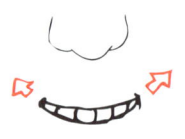

下くちびるをかむ

矢印の方向に息がもれる

■ 発音の仕方

① 上前歯で下唇を噛み「フー」と息を漏らします。
② 息を出す時、左右の口角をしっかりと上げて発音するのがコツです。

1字つづりの子音

Shadowing Drill
穴あき部分をうめて、シャドーイングにチャレンジ！

▶▶ F

1. F F ☐amily
2. F F ☐ine
3. F F ☐ull
4. F F co☐☐ee
5. F F sa☐ety
6. F F so☐t
7. F F cli☐☐
8. F F roo☐

①family（家族）、②fine（良い）、③full（いっぱいの）、④coffee（コーヒー）、⑤safety（安全）、⑥soft（柔らかい）、⑦cliff（絶壁）、⑧roof（屋根）

■ コメント

悔しい時に下唇を噛む―そんなイメージで発音してくださいね。なお、Fは摩擦音と言います。唇を噛むことで呼気（息の軌道）が狭められるため、擦れたような音色になります。「ふとん」の「ふ」をフォニックスの「Fとん」に置き換えて発音してみると、音色の違いがよく分かりますよ。

Consonants

Rule 11

CD Track 11

V
[v]

イメージは携帯のバイブレーション！

V・V・V

vase　abo**v**e　li**v**e
花瓶　〜の上に　住む

発音の
ヒント

下くちびるを
かむ

下くちびるが
少しふるえる

■ 発音の仕方

① Fと同様に、上前歯で下唇を噛みます。
② 左右の口角を上げ、「ヴー」と声を出しましょう。

1字つづりの子音

Shadowing Drill
穴あき部分をうめて、シャドーイングにチャレンジ!

▶▶ V

1. V V □acation
2. V V □ery
3. V V □isit
4. V V e□ery
5. V V fa□orite
6. V V gi□e
7. V V hea□y
8. V V lo□e

①vacation（休暇）、②very（とても）、③visit（訪ねる）、④every（すべての）、⑤favorite（お気に入りの）、⑥give（与える）、⑦heavy（重い）、⑧love（愛する）

■ コメント

英語にはVで終わる単語がほとんどありません。たいていはlove（愛する）やgive（与える）のように語尾にEを伴い、-VEのようにつづられます。なお、語尾のEは読まないので、Vがその単語の終わりの音となります。よって、loveは「ラヴ」であり「ラヴェ」ではないのです。つい誤って"IラヴェyoU"と告白する人はいないと思いますが…念のため！

Consonants

Rule 12

S
[s]

シュルシュルと…ヘビの進む音!

s・s・s

seat   in**s**ide   mi**ss**
座席   内側   〜が恋しい

発音のヒント

スー

■ 発音の仕方

① 舌先を上前歯と歯茎の境目のそばに持っていきます。(この時、舌先はどこにも触れません)
②「スー」と息を漏らしましょう。

◆◇ 実践！フォニックスのシャドーイング・ドリル

1字つづりの子音

ワンポイント
S と読む SC もあるよ!

Shadowing Drill
穴あき部分をうめて、シャドーイングにチャレンジ！

▶ **S**

1. S S □ave
2. S S □oak
3. S S □orry
4. S S li□ten
5. S S □en□e
6. S S famou□
7. S S gue□□
8. S S pa□□

▶ **S と読む SC**

1. SC SC □□enery
2. SC SC □□ientist
3. SC SC □□issors

この C は S 音（Rule 22）なので、SC＝SS と考えることができるのです！

①scenery（景色）、②scientist（科学者）、③scissors（はさみ）

①save（救う）、②soak（びしょぬれになる）、③sorry（残念に思う）、
④listen（聞く）、⑤sense（感覚）、⑥famous（有名な）、
⑦guess（推測する）、⑧pass（通り過ぎる）

■ コメント

S は hissing sound または「スー音」と言います。hiss は猫やヘビなどが相手を威嚇する時に立てる「スー」という擬音のことですので、S は「ヘビの威嚇音」とイメージすれば忘れませんね。なお、語頭の S は常に「ス」ですが、語中または語尾では「ス」または「ズ」と読みます。Rule 13 に「ズ」と読む S の単語リストを載せてあります。

Consonants

Rule 13

CD Track 13

Z
[z]

ハチの羽音みたい!

z・z・z

zipper　fro**z**en　bu**zz**
ファスナー　凍った　（ハチなどが）ブンブン言う

■ 発音の仕方

① Sと同様に、舌先を上前歯と歯茎の境目のそばに持っていきます。（この時、舌先はどこにも触れません）
②「ズッ」と声を出しましょう。

■ コメント

声を出した時、舌先にブルブルと軽い振動を感じれば、正しくZの発音ができている証拠。舌先の摩擦を意識しながら練習を重ねましょう。ハチの羽音のような音になればOKです。なお、Rule12で述べたようにZと読むSもありますよ。

1字つづりの子音

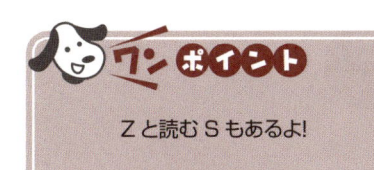

ワンポイント
Zと読むSもあるよ！

Shadowing Drill
穴あき部分をうめて、シャドーイングにチャレンジ！

▶ Z

1. Z Z □ero
2. Z Z □one
3. Z Z □oo
4. Z Z ja□□
5. Z Z la□y
6. Z Z maga□ine
7. Z Z pri□e
8. Z Z si□e

① zero(0 ※数字のゼロ)、
② zone(地帯)、
③ zoo(動物園)、
④ jazz(ジャズ)、
⑤ lazy(怠惰な)、
⑥ magazine(雑誌)、
⑦ prize(賞)、
⑧ size(サイズ)

▶ Zと読むS

1. S S bu□y
2. S S clo□e
3. S S de□ign
4. S S new□
5. S S plea□e
6. S S rea□on
7. S S sometime□
8. S S u□ed

closeをSの音で読むと…「近い」になっちゃうよ！

usedをSの音で読むと、「〜したものだ」の意味に。

「ニュース」、「サムタイムス」は×。正しくは「ズ」！

① busy(忙しい)、② close(閉じる)、
③ design(デザイン)、④ news(ニュース)、
⑤ please(どうぞ)、⑥ reason(理由)、
⑦ sometimes(時々)、⑧ used(中古の)

Consonants

Rule 14

L
[l]

明るい L と暗い L があります!

L・L・L

lift　si**l**ent　mea**l**
～を持ち上げる　静かな　食事

発音のヒント

高めの音になる

■ 発音の仕方

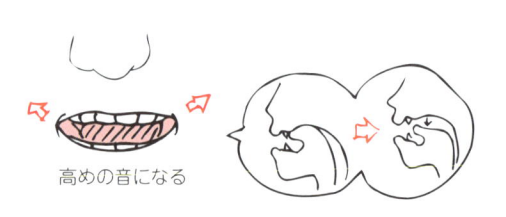

① 上前歯の裏と歯茎の境目あたりに舌先を軽くあてます。
② 舌先を離しながら「ルッ」と声を出します。

◆◇ 実践！フォニックスのシャドーイング・ドリル

1字つづりの子音

Shadowing Drill
穴あき部分をうめて、シャドーイングにチャレンジ！

▶ **L**

1. L L □ady
2. L L □eft
3. L L □i□y
4. L L co□or
5. L L ho□iday
6. L L fi□m
7. L L be□□
8. L L do□□

①lady（婦人）、②left（左）、③lily（ユリ）、④color（色）、⑤holiday（休暇）、⑥film（映画）、⑦bell（鈴）、⑧doll（人形）

■ コメント

「ルッ」は「明るい L」（Clear L）と呼ばれ、lion（ライオン）や live（住む）のように L が語頭の時や、L が母音と母音に挟まれた時に現れます。一方、「暗い L」（Dark L）は L が bell（鈴）や feel（感じる）のように母音の後につき、「ウ」と「オ」を足して割ったような、文字通り暗い雰囲気の音です。

Consonants

Rule 15

CD Track 15

◆◇ 実践！ フォニックスのシャドーイング・ドリル

R
[r]

ひょっとこの口で!

R・R・R

radio　　**r**oad　　fo**r**est
ラジオ　　道　　　森

発音のヒント

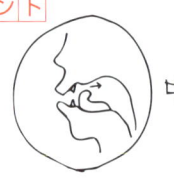

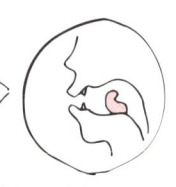

口の上側に舌がくっつかない　　ここに力が入るイメージ　　くぐもった音　　るっ　うるっ

■ 発音の仕方

① ひょっとこの口のように、唇を丸くすぼめます。
② 舌先を口の中の天井へ向けて巻き上げます。（舌先はどこにも触れません）
③ おちょぼ口のまま「ゥルッ」と声を出しましょう。

1字つづりの子音

Shadowing Drill

穴あき部分をうめて、シャドーイングにチャレンジ！

▶ R

1 R R □ate

2 R R □eal

3 R R □estau□ant

4 R R □iver

5 R R a□□ive

6 R R co□□ect

7 R R i□on

8 R R pe□iod

①rate（率）、②real（本当の）、③restaurant（レストラン）、④river（川）、⑤arrive（到着する）、⑥correct（訂正する）、⑦iron（アイロンをかける）、⑧period（期間）

■ コメント

Rの音は red（赤い）や run（走る）のように母音字の前に現れます。明るいLとRの音の違いを明確にするために、Rはひょっとこのように口をすぼめて「ゥ」から発音します。また、①から③の流れを通して、舌先が口の中の天井にあたらないよう注意しましょう。「ゥルッ」を「売るッ」とイメージすると忘れませんよ！

Consonants

Rule 16

CD Track 16

X
[ks]

1文字なのに、音は2つ！

X・X・X

ex**pect** 期待する　　**ne**x**t** ～の隣に　　**o**x 雄牛

■ 発音の仕方

① XはKとSの2音でできています。
② Kの要領で、舌の付け根を上あごにぴったりとつけ、息の流れを止めます。
③ 舌の付け根を開放し「クッ」と言った後、すかさず「ス」と息を吐きましょう。

実践！フォニックスのシャドーイング・ドリル

1字つづりの子音

> **ワンポイント**
> GZと読むXもあるよ！

Shadowing Drill
穴あき部分をうめて、シャドーイングにチャレンジ！

▶ X

1. X X e□pensive
2. X X ta□i
3. X X te□tbook
4. X X a□
5. X X bo□
6. X X fi□
7. X X mi□
8. X X ta□

▶ GZと読む X

1. X X e□act
2. X X e□am
3. X X e□ample
4. X X e□ist

①exact（正確な）、②exam（試験）、
③example（例）、④exist（存在する）

①expensive（値段が高い）、②taxi（タクシー）、
③textbook（教科書）、④ax（斧）、⑤box（箱）、
⑥fix（固定する）、⑦mix（混ぜる）、⑧tax（税金）

■ コメント

XにはKS（クス）とGZ（グズ）の読み方があります。読み方の目安はおおよそ次の通りです。taxiのようにXの前に強アクセントの母音がある時や、experienceのように子音が隣にある時はKS、exampleのようにXの後ろに強アクセントの母音がある時はGZです。なお、X-ray（レントゲン）のXはXのアルファベット読みなので「エックス・ゥレィ」と発音します。

Consonants

Rule 17

CD Track 17

H
[h]

かじかむ手に息を吹きかけて!

H・H・H

hill 丘　　**h**obby 趣味　　be**h**ind 〜の後ろに

発音のヒント

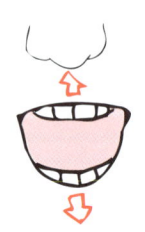

手にたくさんあたるくらいの息が必要

ハラから出す →

■ 発音の仕方

① 大きく口を開けます。
② 手のひらに「ハー」とたくさんの息を吹きかけます。

実践！ フォニックスのシャドーイング・ドリル

1字つづりの子音

Shadowing Drill
穴あき部分をうめて、シャドーイングにチャレンジ！

▶ **H**

1. H H □abit
2. H H □ard
3. H H □it
4. H H □old
5. H H □ome
6. H H □urry
7. H H a□ead
8. H H per□aps

①habit（習慣）、②hard（硬い）、③hit（打つ）、④hold（保つ）、⑤home（家）、⑥hurry（急ぐ）、⑦ahead（前方に）、⑧perhaps（多分）

■ コメント

Hの口の構えは原則として隣の母音の口の形に準じます。母音については Chapter 2 で詳しく述べますが、例えば hit（打つ）と hat（帽子）を比べると、hat の H のほうが hit の H よりも口の構えが大きくなります。なお、Hの音は母音に先行し、語尾には現れません。

Consonants

Rule 18

J
[dʒ]

言わずと知れた Japan の J!

J・J・J

Japan   **j**et   pro**j**ect
日本   ジェット機   プロジェクト

実践！フォニックスのシャドーイング・ドリル

■ 発音の仕方

① 口をややすぼめます。
② 上前歯の裏と歯茎の境目に舌先をちょこんとあてます。
③ 強くそして低く「ジュ」と声を出しましょう。

1字つづりの子音

ワンポイント
Jと読むDGEもあるよ!

Shadowing Drill
穴あき部分をうめて、シャドーイングにチャレンジ!

▶ J

1. J J ☐acket
2. J J ☐oke
3. J J ☐ourney
4. J J ☐ust
5. J J en☐oy
6. J J in☐ure
7. J J ma☐or
8. J J sub☐ect

▶ Jと読むDGE

1. DGE DGE bri☐☐☐
2. DGE DGE ju☐☐☐
3. DGE DGE knowle☐☐☐

語尾のEは発音しない!

①bridge（橋）、②judge（裁判官）、③knowledge（知識）

①jacket（ジャケット）、②joke（冗談）、③journey（旅）、④just（ちょうど）、⑤enjoy（楽しむ）、⑥injure（けがをさせる）、⑦major（主要な）、⑧subject（科目）

■ コメント

Jの音はJapan（日本）やjet（ジェット機）のように母音字の前に現れます。なお、bridge（橋）やknowledge（知識）など語尾のDGEもJと同じ音です。DGEは語頭には現れませんが、比較的基本的な単語に現れるつづり字なので、併せて覚えておきましょう。ちなみにDGEのEは発音しません。

Consonants

Rule 19

CD Track 19

W
[w]

再び、ひょっとこ登場!

W・W・W

wide　**w**est　bet**w**een
広い　西　〜の間に

発音のヒント

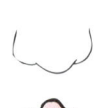

口笛を吹くときの
口の形ではじめる

■ 発音の仕方

① W は R を発音する時の口の形とよく似ています。
② ひょっとこのように唇を丸め、「ウッ」と声を出しましょう。
③ 全体的なトーンとしては、「ウッ」と「ワッ」の中間になります。

1字つづりの子音

Shadowing Drill
穴あき部分をうめて、シャドーイングにチャレンジ！

▶ **W**

1. W W □ater
2. W W □ing
3. W W □ish
4. W W □oman
5. W W □orry
6. W W for□ard
7. W W sand□ich
8. W W □orld□ide

①water（水）、②wing（翼）、③wish（願う）、④woman（女性）、⑤worry（心配する）、⑥forward（前方へ）、⑦sandwich（サンドイッチ）、⑧worldwide（世界的な）

■ コメント

手のひらを口の前にかざして want（〜がほしい）と言ってみましょう。W の時、手のひらに息を感じれば正しく発音できていますが、何も感じなかった人は唇の丸みと息の量が足りません。ちなみにアメリカ人の子供の中には W と R の区別がよくつかずに、最初のうち red を「ウェッド」と言ったりします。W の音は母音の前にある時に現れます。

Consonants

Rule 20

CD Track 20

QU
[kw]

QとUはいつも仲良くワンセット！

QU・QU・QU

quality
質

queen
女王

quick
速い

◆◇ 実践！フォニックスのシャドーイング・ドリル

発音のヒント

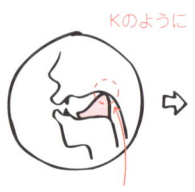

Kのように

ここがくっつき

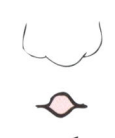

そして、ひょっとこの口

■ 発音の仕方

① QU は K と W の2音でできています。
② 舌の付け根を上あごにぴったりとつけ、息の流れを止めます。
③ ひょっとこのように唇を丸めます。
④ 舌の付け根を上あごから離して「クウッ」と声を出しましょう。

1字つづりの子音

Shadowing Drill
穴あき部分をうめて、シャドーイングにチャレンジ!

▶ QU

1. QU QU ☐☐arter
2. QU QU ☐☐estion
3. QU QU ☐☐iet
4. QU QU ☐☐ite
5. QU QU ☐☐iz
6. QU QU con☐☐est
7. QU QU re☐☐est

①quarter(4分の1)、②question(質問)、③quiet(静かな)、④quite(すっかり)、⑤quiz(小テスト)、⑥conquest(征服する)、⑦request(要求する)

■ コメント

Qはほとんどの場合Uを伴うので、そのままQUと覚えましょう。なお、QUのUはRule 19のWの音ですから、QUと言った時に「ゥ」の響きを伴います。ですので、quiz(小テスト)は「クイズ」ではなく「クゥイズ」、queen(女王)は「クイーン」ではなく「クゥイーン」です。ローマ字読みに引っ張られないよう注意しましょう。

059

Consonants

Rule 21

Y
[j]

漢字の「嫌」をイメージして!

Y・Y・Y

year 年　　**N**ew **Y**ork ニューヨーク　　can**y**on 峡谷

発音のヒント

■ 発音の仕方

① 下準備として漢字の「嫌」を「イヤ・イヤ・イヤ」と3回音読します。
② 今度は「ヤ」のほうにアクセントを置き、一気に「イヤ」と声を出します。

1字つづりの子音

Shadowing Drill
穴あき部分をうめて、シャドーイングにチャレンジ！

▶ Y

1. Y Y ☐acht
2. Y Y ☐ard
3. Y Y ☐en
4. Y Y ☐es
5. Y Y ☐esterday
6. Y Y ☐et
7. Y Y ☐oung
8. Y Y be☐ond

①yacht（ヨット）、②yard（中庭）、③yen（円 ※日本の通貨）、④yes（はい）、⑤yesterday（昨日）、⑥yet（まだ）、⑦young（若い）、⑧beyond（〜を超えて）

■ コメント

Yには2つの顔があります。1つはyes（はい）やyoung（若い）のように母音字の前のY、つまりRule 21の子音のYです。もう1つはfly（飛ぶ）やtry（試す）のように母音の働きをするYです。このYは「アィ」と読みます。Rule 64に母音Yの単語リストがありますので、そちらにも目を通しておきましょう（p.167）。また、really（本当に）のように弱く「ィ」と読むYもあります（Rule 87 参照）。

Consonants

Rule 22

Soft C
[s]

何と…こちらは S の音!

C・C・C

city　　**prin**c**ess**　　**twi**c**e**
街　　　　　王女　　　　　2 回

発音の
ヒント

Sと同じ音です

■ 発音の仕方

① Sと同じ音です。
② 舌先を上前歯と歯茎の境目のそばに持っていきます。(この時、舌先はどこにも触れません)
③「スー」と息を漏らしましょう。

1字つづりの子音

Shadowing Drill
穴あき部分をうめて、シャドーイングにチャレンジ!

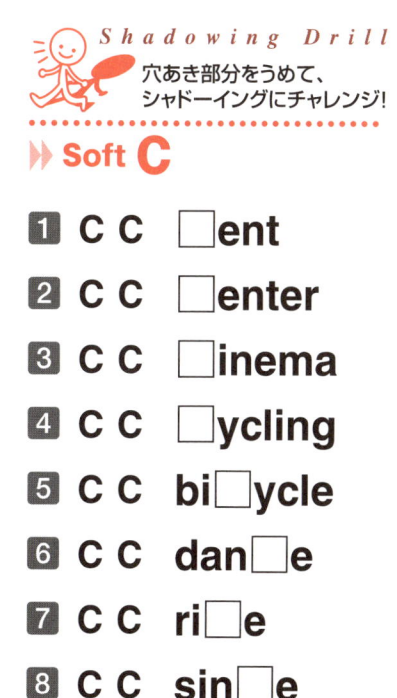

▶ Soft C

1. C C ☐ent
2. C C ☐enter
3. C C ☐inema
4. C C ☐ycling
5. C C bi☐ycle
6. C C dan☐e
7. C C ri☐e
8. C C sin☐e

> 「硬い C」は、たいてい、C の後に A, O, U が続きます。
>
> （例）c<u>a</u>ll,
> c<u>o</u>me,
> c<u>u</u>p
>
> 「軟らかい C」は、たいてい、C の後に E, I, Y が続きます。
>
> （例）c<u>e</u>nter,
> c<u>i</u>ty,
> c<u>y</u>mbal
> 　　　（→ Rule 3）

①cent（セント ※アメリカの通貨）、②center（中央）、③cinema（映画）、④cycling（サイクリング）、⑤bicycle（自転車）、⑥dance（ダンスする）、⑦rice（お米）、⑧since（～して以来）

■ コメント

「硬い C」と「軟らかい C」には、音を分けるつづりのルールがあります。
（上記アミカケ部分の解説を参照）

Consonants

Rule 23

Soft G

[dʒ]

そして…こちらは J の音!

G・G・G

gentle
態度がやさしい

giant
巨人

chan**g**e
変化

発音のヒント

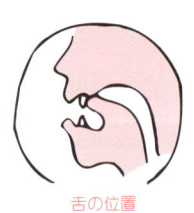

舌の位置

■ 発音の仕方

① J と同じ音です。
② 口を丸め気味に、上前歯の裏と歯茎の境目に舌先をちょこんとあてます。
③ 強くそして低く「ジュ」と声を出しましょう。

1字つづりの子音

Shadowing Drill

穴あき部分をうめて、シャドーイングにチャレンジ！

▶ Soft G

1. G G □em
2. G G □enius
3. G G □iraffe
4. G G □ym
5. G G a□e
6. G G challen□e
7. G G dan□er
8. G G ima□ine

「硬いG」は、たいてい、Gの後にA, O, Uが続きます。

（例）g<u>a</u>me,
　　　g<u>o</u>,
　　　g<u>u</u>m

「軟らかいG」は、たいてい、Gの後にE, I, Yが続きます。

（例）g<u>e</u>m,
　　　g<u>i</u>ant,
　　　g<u>y</u>m
　　　　　　（→ Rule 5）

※ただし、get（得る）やgive（与える）のGは例外扱いで「硬いG」の読み方をします。

---

①gem（宝石）、②genius（天才）、③giraffe（キリン）、④gym（スポーツクラブ）、⑤age（年齢）、⑥challenge（挑戦）、⑦danger（危険）、⑧imagine（想像する）

■ コメント

Cと同様に「硬いG」と「軟らかいG」にも、音を分けるつづりのルールがあります。（上記アミカケ部分の解説を参照）

Chapter 2

1字つづりの母音

Short Vowels

Short **A** / Short **E** / Short **I**
Short **O** / Short **U**

Short Vowels

実践！フォニックスのシャドーイング・ドリル

■ A, I, U, E, O には「アルファベット読み」と「フォニックス読み」がある!

　この章に登場する1字つづりの母音は短母音と言い、AIUEOをフォニックス読みします。短母音は子音と子音の間に立ち、単語を構成する役割を果たします。なお、AIUEOにはフォニックス読みの他にアルファベット読みがありますが、こちらは皆さんよくご存知の読み方のはずです。AIUEOをアルファベット読みすると「エィ、アィ、ユー、イー、オゥ」です。つまり、アルファベット読みはその文字の名前を読んでいることになります。一方「フォニックス読み」は「ア、イ、ア、エ、ア」といった具合にその文字の音を表します（便宜上、カタカナで表していますが、正しい音の作り方は本文をご参照ください）。つまり、AIUEOには少なくともアルファベット読みとフォニックス読みを合わせた10通りの読み方があるという訳です。ちなみに、私が教えているフォニックス講座の受講生に「フォニックス読みを学生時代に習ったことがありますか？」と聞いたところ、「はい」と答えた人はほとんどいませんでした。単語を読むにはフォニックス読みの理解が必要不可欠なのですが、実際、日本の英語教育現場ではまだまだフォニックスの浸透力は低いというのが現状のようです。

AIUEO には
❶ アルファベット読み と
❷ フォニックス読み がある

● アルファベット読みは、**文字の名前**
● フォニックス読みは、**文字の音**

1字つづりの母音

■ map の読み方は「エムエィピィ」ではない！

では、map を例にとってお話を進めましょう。map をアルファベット読みすると、M は「エム」、A は「エィ」、P は「ピィ」となりますが、残念ながら「エムエィピィ」では単語として成立していません。この時、皆さんが読んでいるのは「文字の音」ではなく「文字の名前」のほうなのです。そこで登場するのがフォニックス読みです。フォニックスの M は「ム」、A は「ア」、P は「プ」ですから、これを続けて発音すると「マップ」になります。

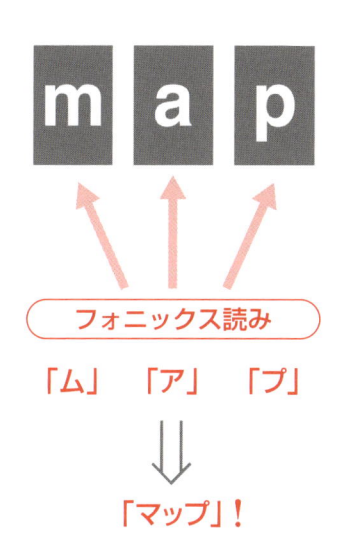

m a p

↑ ↑ ↑

（フォニックス読み）

「ム」　「ア」　「プ」

⇩

「マップ」！

もちろん、make のように A を「エィ」と読む場合もあります。make の A はサイレント E というルールに則り、A をアルファベット読みします。実際、フォニックス読みとアルファベット読みの両方が分かるようになると、英単語を読む際に「この単語の母音はどちらの読み方なのかな？」という一歩踏み込んだレベルで音の理解ができるようになります。

Short Vowels

■ A, I, U, E, O が単語の真ん中に1つある時、その母音をフォニックス読みするべし!

　mapのAのように単語の真ん中に母音字が1つある時、その文字はフォニックス読みをします。ですので、g<u>e</u>t, f<u>a</u>n, s<u>u</u>nのE, A, Uもフォニックス読みです。また、str<u>u</u>ckのように子音がたくさん並ぶ単語であっても、母音が1つしかなければ同様にフォニックス読みをします。

g(e)t　　　　str(u)ck

母音が1つしかない時は
フォニックス読み!

　なお、このルールは中学生レベルの単語に頻繁に現れます。発展学習として、このルールに当てはまる単語を辞書から洗い出してみるのも面白いかも知れません。「tripのIはフォニックス読みだったのか!」といった具合に、当たり前の単語の中にも新たな発見があるはずです。

1字つづりの母音

■ PPやTTなどの前にあるA, I, U, E, Oは、フォニックス読みになる!

　さて、最後にもう1つ大切なルールをお話ししておきましょう。PPやTTなど重子音字の前にあるAIUEOはフォニックス読みをします。例えばappleですが、Aの後にPの文字がPPのように重なっていますね。ですので、このAはフォニックス読みの「ア」になり、appleは「エィプル」ではなく「アップル」となります。すなわち、PPの干渉を受けてAの読み方が決定されているという訳です。なお、PPのように重なる子音字（重子音字と言います）の直前のAIUEOに強いアクセントがあることがこのルールを満たす条件となります。

a**pp**le

重子音字の前の母音は
フォニックス読み!

　実際のところ、「appleはアップルと読むに決まってる！　今さら言われなくても分かってるヨ!」とおっしゃる方がいるかも知れませんが、この単語の読み方に対する皆さんの理解はおそらくは暗記による部分が大きいでしょうから、こういったルールとの出会いは文字通り「目から鱗」のはずです。ぜひ、これからフォニックスという「ファインダー」を通して、英単語に触れてみてください。きっと今までとは違った「単語の見え方」が生まれるはずです。英語のつづりと音の世界は皆さんが思っている以上に複雑で、かつ興味深いものなのですよ！

Short Vowels

Rule 24

Short A

[æ]

口のかたちは逆三角形!

A・A・A

apple　　h**a**m　　st**a**mp
リンゴ　　ハム　　切手

発音のヒント

口をヨコにひっぱり...　→　「えー」と言いながらタテに開いていく...　→　「え」と「あ」の中間の音が出ます

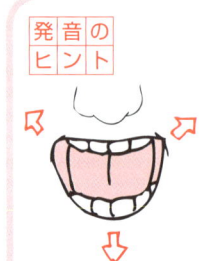

■ 発音の仕方

① 口端を横にピンと引き「エー」と言います。
② 「エー」と言いながら、口端を引いたままあごを下げ、口を大きく開けていきます。
③ そうすると「エー」が「アー」に変わるタイミングがあります。この変わり目の音が A です。

実践！フォニックスのシャドーイング・ドリル

1字つづりの母音

Shadowing Drill
穴あき部分をうめて、シャドーイングにチャレンジ!

▶ A

1. A A □ctive
2. A A □dd
3. A A □nswer
4. A A c□rry
5. A A f□n
6. A A h□t
7. A A l□nd
8. A A p□st

①active（活動的な）、②add（加える）、③answer（答え）、④carry（運ぶ）、⑤fan（扇風機）、⑥hat（帽子）、⑦land（土地）、⑧past（過去）

弱い A

弱いアクセントの A は「ア」を弱く発音

▼は第一アクセント
（一番強く発音する箇所）

am̌ount
量

bǎlance
バランス

impǒrtant
重要な

mǎchine
機械

母音はすべて有声音、息ではなく声で作る音だよ!

■ コメント

ＡＩＵＥＯにはアルファベット読みとフォニックス読みがあります。母音字がフォニックス読みになるのは、たいていの場合、その文字に強アクセントがある時、ant（アリ）のように母音で単語が始まっている時、map（地図）のように単語の中央に母音が1つある時、apple のように重子音字の前に母音がある時です。これはＡＩＵＥＯ共通のフォニックス読みのルールです。

Short Vowels

Rule 25

Short E

[e]

口端を引き、スマイル顔で!

E・E・E

enter s**e**ll r**e**nt
入る 売る 賃借する

実践！フォニックスのシャドーイング・ドリル

発音のヒント

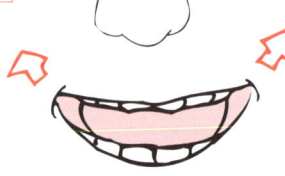

ワリバシを左右の歯でかんで口角をヨコに引っ張り、日本語の「え」を強く「エッ」と発音

■ 発音の仕方

① 口端を横にピンと引きます。
② 引いた状態のまま、短く「エ」と言いましょう。

1字つづりの母音

Shadowing Drill
穴あき部分をうめて、シャドーイングにチャレンジ！

▶ E

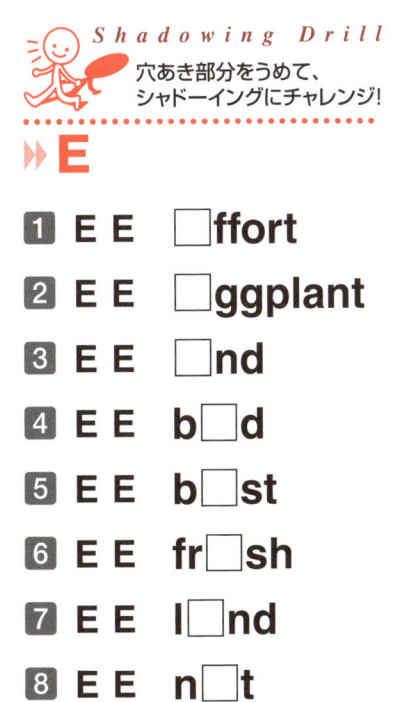

1. E E ☐ffort
2. E E ☐ggplant
3. E E ☐nd
4. E E b☐d
5. E E b☐st
6. E E fr☐sh
7. E E l☐nd
8. E E n☐t

弱い E

弱いアクセントの E は「エ」を弱く発音

▼は第一アクセント
（一番強く発音する箇所）

el̆evator
エレベーター

ĕnemy
敵

Sĕptember
9月

sy̆stem
システム

①effort（努力）、②eggplant（ナス）、③end（終わる）、④bed（ベッド）、⑤best（最も良い）、⑥fresh（新鮮な）、⑦lend（貸す）、⑧net（ネット）

■ コメント

E は日本語の「え」よりもとんがった音です。ちょっとお行儀が悪いですが、割り箸を口にくわえて「エ・エ・エ」と言ってみると、とても英語らしい音が作れます。口が緊張しているので、鋭い音色が生まれるのです。ぜひとも人目につかない場所で…自主練をしてはいかがでしょう。

Short Vowels

Rule 26

Short I

[i]

口の構えは E と同じ!

I・I・I

into　f**i**ll　s**i**lver
～の中へ　満たす　銀

発音の
ヒント

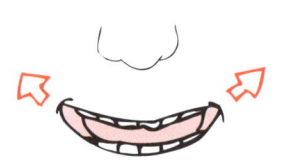

日本語の「え」の口で
「イッ」と発音

■ 発音の仕方

① E と同様、口端を横にピンと引きます。
② 引いた状態のまま、短く「イ」と言いましょう。この時、若干「エ」の音色も含みます。

1字つづりの母音

Shadowing Drill
穴あき部分をうめて、シャドーイングにチャレンジ！

▶▶ I

1. I I □f
2. I I □nternet
3. I I □nput
4. I I f□nger
5. I I l□ttle
6. I I p□ck
7. I I s□t
8. I I w□nd

弱い I

弱いアクセントのIは「イ」を弱く発音

▼は第一アクセント
（一番強く発音する箇所）

cónt**i**nent
大陸

póss**i**ble
可能な

prínc**i**pal
校長

ún**i**form
制服

①if（もし〜ならば）、②internet（インターネット）、③input（入力する）、④finger（指）、⑤little（小さい）、⑥pick（選ぶ）、⑦sit（座る）、⑧wind（風）

■ コメント

Iは日本語の「い」とは音色が異なります。自然な口の構えで「今（いま）」と言った後、Iの口（口角を引きスマイル顔）で同じ単語を繰り返してください。そうすると、「今」が「絵馬」のように聞こえるはずです。このようにIは「エ」の音色を含みます。発音の時、カタカナの音に引っ張られないよう注意しましょう。

Short Vowels

Rule 27

Short O

[ɑ]

大きな、大きな…あくびの口で!

o・o・o

office オフィス
p**o**t 鉢
r**o**ck 岩

発音のヒント

あくびをしながら
ハラの底から出すイメージ
1オクターブ高く「あ〜」

少なくとも指2本
タテに入るくらいの大きさ

手は上げなくていい

■ 発音の仕方

① あくびをする時のように、指が縦に2本入るぐらい大きく口を開けます。
② その口の構えで「ア」と言いましょう。

1字つづりの母音

Shadowing Drill
穴あき部分をうめて、シャドーイングにチャレンジ！

▶ O

1. O O □bject
2. O O □dd
3. O O □ffer
4. O O b□dy
5. O O c□mics
6. O O h□nest
7. O O h□t
8. O O l□ck

弱い O

弱いアクセントの O は「ア」を弱く発音

▼は第一アクセント（一番強く発音する箇所）

▼
opinion
意見

▼
lemon
レモン

▼
million
100万

　　▼
police
警察

①object（目的）、②odd（風変わりな）、③offer（申し出る）、④body（体）、⑤comics（マンガ）、⑥honest（正直な）、⑦hot（熱い）、⑧lock（鍵をかける）

■ コメント

あごを下げ、口をかなり大きく開けて発音するので、最初のうちはあごがだるく感じますが、自分の口を英語用にフォーマット化するためにも練習を続けましょう。疲れを感じなくなってきたらしめたもの！　なお、want（〜がほしい）や what（何）、quantity（量）のように、WA、WHA、QUAとつづる時の A も O と発音することがあります。

Short Vowels

Rule 28

Short U

[ʌ]

忘れ物をした時の「ア!」

U・U・U

upper　**c**u**t**　**s**u**n**
上部の　切る　太陽

発音のヒント

自然な口

■ 発音の仕方

① 日本語の「あ」のように、自然に口を構えた状態にします。
② 喉の奥から「ア」と言います。

1字つづりの母音

ワンポイント
Uと読むOもあるよ！

Shadowing Drill
穴あき部分をうめて、シャドーイングにチャレンジ！

▶ U

1. U U □nder
2. U U □p
3. U U r□n
4. U U l□cky
5. U U c□p
6. U U h□ngry
7. U U l□nch
8. U U n□mber

①under（〜の下に）、②up（上へ）、③run（走る）、④lucky（幸運な）、⑤cup（カップ）、⑥hungry（空腹の）、⑦lunch（昼食）、⑧number（数字）

▶ Uと読むO

1. O O □ther
2. O O □ven
3. O O c□me
4. O O c□mpany
5. O O c□ver
6. O O h□ney
7. O O s□meone
8. O O s□n

①other（他の）、②oven（オーブン）、③come（来る）、④company（会社）、⑤cover（包む）、⑥honey（はちみつ）、⑦someone（だれか）、⑧son（息子）

■ コメント

Uは忘れ物に気づいた時の「ア！」のイメージで覚えましょう。日本人にとってUとOの区別は泣き所ですが、Oのほうが大きく口が開いており、「アー」と言った具合に若干音が伸びて聞こえます。なお、Uと読むOのつづり字は結構あるので、準ルールとして覚えておきましょう。

Short Vowels

弱い U

弱いアクセントの U は「ア」を弱く発音

▼は第一アクセント
（一番強く発音する箇所）

u̯nless
～でない限り

cámpu̯s
大学の構内

su̯ccéss
成功

su̯ppórt
援助

実践！フォニックスのシャドーイング・ドリル

1字つづりの母音

音飛ばしの母音

語尾が「T＋弱母音＋N」または「D＋弱母音＋N」で終わる時、その弱母音は発音されず、前後の子音がくっつきます。ですので、次の単語リストの下線部分にあたるEとOは発音しません。

単語	読み方	意味
1 butt<u>o</u>n	⇒ buttn	ボタン
2 cott<u>o</u>n	⇒ cottn	綿
3 forgott<u>e</u>n	⇒ forgottn	forget の過去分詞
4 gold<u>e</u>n	⇒ goldn	金色の
5 pard<u>o</u>n	⇒ pardn	許し
6 sudd<u>e</u>n	⇒ suddn	突然の

子音から子音へ一足飛び！

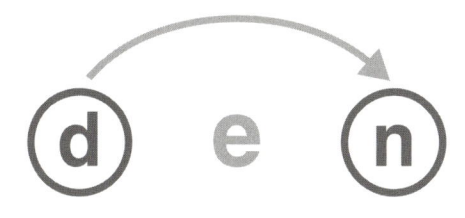

ⓓ　e　ⓝ

Chapter 3

二重子音字
Consonant Digraphs

**CH / SH / 息のTH / 声のTH
GH & PH / WH / CK / NG**

Consonant Digraphs

■ 2つの子音字が、1つの新しい音を作る!

　Chapter 1 では1字つづりの子音を学びましたが、ここでは2文字つづりの子音が登場します。二重子音字は「2字1音」のことで、2文字で1つの新しい音を作ります。例えばSHですが、つづりを分割するとSとHになりますね。では、SとHをChapter 1で習った要領で読んでみるとどうなるでしょう。Sは「スー」、Hは「ハー」ですから…SHは「スーハー」でしょうか。お察しの通りこれは間違いです。もしもSとHをばらばらに読み上げたなら、shampooは「スーハーンプー」というとても変な響きの単語になってしまいます。実はSHはSとHが隣り合うことで音の化学反応が起こり、「シュ」という新たな1音として生まれ変わるのです。見た目は2文字ですがあくまで「1音」として読み、そしてその音は「新しい音」になります。

S の
フォニックス読みは
「**スー**」

H の
フォニックス読みは
「**ハー**」

↓
化学反応が起き、
その結果…
↓

SH は
「**シュ**」と読む!

二重子音字の特徴
- 2文字で1音
- 新しい音になる

二重子音字

■ **ありとあらゆるイメージを駆使して、音の特徴をとらえるべし!**

　二重子音字の数はさほど多くないので、覚えるのにそれほど苦労をすることはないと思いますが、それでも新しい音を覚えるには、ある程度の時間を要するものです。そこで、ありとあらゆるイメージを駆使して音の特徴をとらえることをお勧めします。やや乱暴な表現かも知れませんが、先ほど例に挙げたフォニックスの **SH** は、漢字の「主」をイメージすると忘れません!

sh → イメージを利用 → 「シュ」 主

　実は、フォニックスのイメージを高めるのに「漢字」の効果は大変有効です。もちろん、「**SH**」と「主」は決して同じ音ではありませんが、ただやみくもに丸暗記するよりも漢字の音やイメージを利用するほうが定着率も高まります。もちろん **SH** は「主」に限らず、「種」でも「朱」でも構いません。要は、自分の覚えやすいようにイメージをカスタマイズすることが大切です。これは二重子音字に限らず、**Hard G** は「具」、**Soft G** は「儒」と言った具合に、普段使い慣れている漢字を利用することでフォニックスの音の「イメージ」を視覚化するとよいでしょう。私も授業でホワイトボードに漢字を書いて説明することがあります。ここだけの話ですが…生徒さんの受けも抜群ですよ!

Consonant Digraphs

Rule 29

CD Track 29

CH
[tʃ]

ああ残念、「チッ」のイメージで!

CH・CH・CH

check　tea**ch**er　rea**ch**
チェックする　先生　着く

発音のヒント

CH

↑
2文字で1音

■ 発音の仕方

① 舌先を上前歯の裏と歯茎の境目にあてます。
② 舌先を離しながら「チ」と言い、たくさんの息を出します。

実践！フォニックスのシャドーイング・ドリル

二重子音字

> **ワンポイント**
> CHと読むTCHもあるよ！

Shadowing Drill
穴あき部分をうめて、
シャドーイングにチャレンジ！

▶ CH

1. CH CH □□ance
2. CH CH □□eek
3. CH CH □□ild
4. CH CH □□oose
5. CH CH pit□□er
6. CH CH ben□□
7. CH CH tou□□
8. CH CH ri□□

▶ CHと読むTCH

1. TCH TCH ca□□□
2. TCH TCH ma□□□
3. TCH TCH ske□□□
4. TCH TCH wa□□□

Tは発音しないよ！

①catch（捕まえる）、②match（マッチさせる）、③sketch（スケッチ）、④watch（注意して見る）

①chance（チャンス）、②cheek（頬）、③child（子供）、
④choose（選ぶ）、⑤pitcher（ピッチャー）、
⑥bench（ベンチ）、⑦touch（触る）、⑧rich（豊かな）

■ コメント

二重子音字は2つの子音字で新しい1音を作りますので、**CH** は Hard C（クッ）と **H**（ハ）の連続音「クッハ」ではなく（当然と言えば当然ですが…）、新しい1音の「チ」になります。**CH** は日本語の「ち」よりもさらに唇を突き出して発音しましょう。なお、**CH** と読む **TCH** もありますが、**TCH** は語頭には現れないつづりです。

Consonant Digraphs

Rule 30

CD Track 30

SH
[ʃ]

蒸気機関車から立ちのぼる…煙の如く!

SH・SH・SH

shape　　　sea**sh**ore　　　wa**sh**
形　　　　　　海岸　　　　　　洗う

発音のヒント

SH
↑
2文字で1音

■ 発音の仕方

① 唇をすぼめます。
② 上前歯の裏と歯茎の境目に舌先を近づけ、「シュッ」と息を吐き出しましょう。
③ 舌先は近づけるだけで、歯の裏や歯茎につきません。

実践!フォニックスのシャドーイング・ドリル

二重子音字

ワンポイント
SHと読むCIとTIもあるよ!

Shadowing Drill
穴あき部分をうめて、シャドーイングにチャレンジ！

▶ SH

1. SH SH ☐☐eet
2. SH SH ☐☐ut
3. SH SH ☐☐y
4. SH SH ca☐☐ier
5. SH SH sun☐☐ine
6. SH SH bu☐☐
7. SH SH fini☐☐
8. SH SH pu☐☐

① sheet（シート）、② shut（閉める）、③ shy（恥ずかしがり屋の）、
④ cashier（レジ係）、⑤ sunshine（日光）、⑥ bush（低木）、
⑦ finish（終える）、⑧ push（押す）

▶ SHと読むCI & TI

1. CI CI so☐☐al
2. CI CI spe☐☐al
3. TI TI emo☐☐on
4. TI TI sta☐☐on

① social（社会の）、② special（特別な）、
③ emotion（感情）、④ station（駅）

■ コメント

SHは蒸気機関車の「シュッシュッポッポ」のごとく、「シュッ、シュッ」とたくさんの息を出すのがきれいな音を作るコツです。さて、Sは hissing sound（スー音）と習いましたが、これに対してSHは hushing sound（シュー音）と言います。hushは「静かにさせる」という意味で、人差し指を唇の前に立てる「シー」の仕草のことです。
なお、SHと読むCIおよびTIがあります。たいていは -cial や -tion のように接尾語として現れるつづりです。

Consonant Digraphs

Rule 31

息の TH

[θ]

舌先を前歯でちょこんと噛んで!

TH・TH・TH

thin no**th**ing ear**th**
細い 何も〜ない 地球

発音のヒント

「ス」と息をもらす

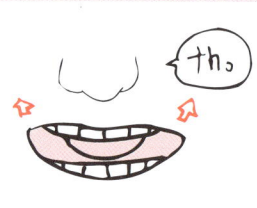

舌の先を前歯でかむ

th っ

TH＝ス

◆◇ 実践！フォニックスのシャドーイング・ドリル

■ 発音の仕方

① 口の両端をピンと引き上げ、笑顔を作りましょう。
② 前歯で舌先を少し噛み「スッ」と息を吐き出しながら、舌先を引っ込めます。

二重子音字

Shadowing Drill
穴あき部分をうめて、シャドーイングにチャレンジ!

▶▶ 息のTH

1. TH TH ▢▢eory
2. TH TH ▢▢ink
3. TH TH ▢▢ousand
4. TH TH every▢▢ing
5. TH TH me▢▢od
6. TH TH ba▢▢
7. TH TH heal▢▢
8. TH TH pa▢▢

①theory(理論)、②think(考える)、③thousand(千)、④everything(すべて)、⑤method(方法)、⑥bath(風呂)、⑦health(健康)、⑧path(小道)

■ コメント

Sと息のTHはどちらもカタカナで表すと「ス」なので、日本人にとっては発音の仕分けに苦労する音の1つ。例えば「ありがとう」のつもりが、ついつい間違ってSank you(あなたを沈めた!)と言ってしまった…という話はよく耳にします。なお、息のTHはFにも音が似ているので、S、息のTH、Fのそれぞれの違いをマスターしておきましょう。

Consonant Digraphs

Rule 32

声の TH

[ð]

口の構えは息の TH と同じです!

TH・TH・TH

then — その時
ga**th**er — 集まる
wi**th** — 〜と一緒に

発音のヒント

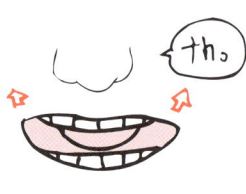

「ズ」と息をもらす

舌の先を前歯でかむ

TH=ズ

■ 発音の仕方

① 息の **TH** と同様、口の両端をピンと引き上げ笑顔を作ります。
② 前歯で舌先を少し噛み「ズッ」と声を出しながら、舌先を引っ込めます。

実践！フォニックスのシャドーイング・ドリル

二重子音字

Shadowing Drill

穴あき部分をうめて、シャドーイングにチャレンジ！

▶▶ 声の **TH**

1. TH TH　☐☐an
2. TH TH　☐☐ere
3. TH TH　nor☐☐ern
4. TH TH　smoo☐☐
5. TH TH　sou☐☐ern
6. TH TH　wea☐☐er
7. TH TH　ba☐☐e
8. TH TH　brea☐☐e

①than（〜よりも）、②there（そこ）、③northern（北の）、④smooth（なめらかな）、⑤southern（南の）、⑥weather（天気）、⑦bathe（入浴させる）、⑧breathe（呼吸する）

■ コメント

声の **TH** は **this**（これ）や **they**（彼らは）などの基本単語に頻繁に登場します。なお、声の **TH** を **Z** で読んでしまう人がいます。そういう人は **that**（あれ）を **zat**、**bathe**（入浴させる）を **baze** のように言ってしまいがちなので注意しましょう。また、声の **TH** は **V** にも音が似ているので、**Z**、声の **TH**、**V** のそれぞれの違いをマスターしておきましょう。

Consonant Digraphs

Rule 33

GH & PH
[f]

何と、この2つはFの音!

GH・GH・GH
PH・PH・PH

laug**h** 笑う　　**al**ph**abet** アルファベット

発音の
ヒント

GH = F = **PH**

■ 発音の仕方

① Fと同じ音です。
② 上前歯で下唇を噛み「フー」と息を漏らします。
③ 息を出す時、左右の口角をしっかりと上げて発音するのがコツです。

◆◇ 実践！フォニックスのシャドーイング・ドリル

二重子音字

> ワンポイント
> 読まない GH もあるよ!

Shadowing Drill
穴あき部分をうめて、シャドーイングにチャレンジ!

▶ GH & PH

1. GH GH cou□□
2. GH GH enou□□
3. GH GH rou□□
4. GH GH tou□□
5. PH PH □□oto
6. PH PH gra□□
7. PH PH tele□□one
8. PH PH ty□□oon

▶ 発音しない GH

1. GH GH deli□□t
2. GH GH fli□□t
3. GH GH hi□□
4. GH GH li□□t
5. GH GH mi□□t
6. GH GH ni□□
7. GH GH ri□□t
8. GH GH si□□t

たいていは I を伴い IGH とつづるよ。この時の I は、I のアルファベット読み(アィ)だよ!

①cough(咳をする)、②enough(十分な)、③rough(ザラザラした)、④tough(粘り強い)、⑤photo(写真)、⑥graph(グラフ)、⑦telephone(電話)、⑧typhoon(台風)

①delight(楽しみ)、②flight(フライト)、③high(高い)、④light(明るい)、⑤might(〜かも知れない)、⑥night(夜)、⑦right(正しい)、⑧sight(視界)

■ コメント

F、GH、PH の3つは原則どれも同じ音です。ただし例外として、ghost(お化け)のように語頭に GH が来る場合は G のみを発音します。
また、GH には黙字(発音しない文字)もあります。たいていは I を伴い、IGH とつづり「アィ」と発音します。

Consonant Digraphs

Rule 34

WH
[hw]

あれま、WとHが逆転!

WH・WH・WH

whisper
ささやく

why
なぜ

some**wh**ere
どこかに

発音のヒント

WH = HW

発音する時 **ひっくり返す!**

■ 発音の仕方

① Hの要領で、喉奥からたくさんの息を吐き出します。
② すかさずWの要領で唇をひょっとこのように丸め「ウッ」と声を出します。
③「ホウッ」と「ホワッ」の中間の音に聞こえます。

二重子音字

> **ワンポイント**
> Hと読むWHもあるよ!

Shadowing Drill
穴あき部分をうめて、シャドーイングにチャレンジ!

▸ WH

1. WH WH ☐☐at
2. WH WH ☐☐eat
3. WH WH ☐☐ether
4. WH WH ☐☐ile
5. WH WH ☐☐istle
6. WH WH any☐☐ere
7. WH WH every☐☐ere
8. WH WH no☐☐ere

▸ Hと読むWH

1. WH WH ☐☐o
2. WH WH ☐☐ole
3. WH WH ☐☐om
4. WH WH ☐☐ose

> WHの次にOが来る時、Wは読まないよ!

①who(誰)、②whole(全体の)、③whom(誰に)、④whose(誰の)

①what(何)、②wheat(小麦)、③whether(〜かどうか)、④while(〜する間に)、⑤whistle(口笛を吹く)、⑥anywhere(どこにでも)、⑦everywhere(いたる所に)、⑧nowhere(どこにも〜ない)

■ コメント

ネイティブスピーカーの中にはWHのHを読まずに発音する人もいます。その場合、WHはRule 19のWの音になるので発音の仕方の②から始めます。例えば、what(何)はwatのように聞こえます。また、WHにOが続く時、たいていの場合、Wは発音しません。whole(全体の)はその代表例ですが、これはhole(穴)と同音異義語ですね!

Consonant Digraphs

Rule 35

CD Track 35

CK
[k]

C ＋ K で… Hard C になる!

CK・CK・CK

tick**et**　　**du**ck　　**thi**ck
チケット　　アヒル　　厚い

発音のヒント

C ＋ K ＝ CK

1音として換算するよ!

Hard C と K は同じ音

■ 発音の仕方

① **Hard C** と同じ音です。
② 喉奥の舌の付け根を持ち上げて、それを上あごにぴったりとくっつけます。
③ 息の流れが一瞬止まります。
④ 舌の付け根を一気に開放しながら「クッ」と息を出しましょう。

実践！フォニックスのシャドーイング・ドリル

二重子音字

Shadowing Drill
穴あき部分をうめて、シャドーイングにチャレンジ！

▶ CK

1. CK CK chi□□en
2. CK CK po□□et
3. CK CK qui□□ly
4. CK CK ra□□et
5. CK CK atta□□
6. CK CK ba□□
7. CK CK lu□□
8. CK CK si□□

①chicken（めんどり）、②pocket（ポケット）、③quickly（すばやく）、④racket（ラケット）、⑤attack（攻撃する）、⑥back（後ろ）、⑦luck（幸運）、⑧sick（病気の）

■ コメント

jazz（ジャズ）の ZZ のように同じ子音字が重なる時、それを1つの子音として換算します。CK の C は Hard C つまり K と同じ音ですから、CK＝1音となるのです。なお、CK のつづりは語頭には現れません。

Consonant Digraphs

Rule 36

CD Track 36

NG
[ŋ]

鼻音は M、N … そして NG!

NG・NG・NG

along **ha**ng **so**ng
〜に沿って つるす 歌

発音のヒント

NG
2文字で1音

■ 発音の仕方

① K や G と同様、舌の付け根を上あごにぴったりとつけ、息の流れを止めます。
② 舌の付け根を離す時に「ンー」と鼻から声を出し、短く「グッ」を添えましょう。
③ 強く発音されるのは後ろの「グッ」のほうです。

実践！フォニックスのシャドーイング・ドリル

二重子音字

Shadowing Drill
穴あき部分をうめて、
シャドーイングにチャレンジ！

▶ NG

1. NG NG si□□er
2. NG NG buildi□□
3. NG NG eveni□□
4. NG NG interesti□□
5. NG NG lo□□
6. NG NG painti□□
7. NG NG ri□□
8. NG NG wro□□

①singer（歌手）、②building（ビル）、③evening（晩）、④interesting（興味深い）、⑤long（長い）、⑥painting（絵画）、⑦ring（指輪）、⑧wrong（間違った）

■ コメント

NGは「エヌジー」（= no good）ではありませんのでお間違えのないよう。さて、NGは「あんぐり」の要領で発音します。「あんぐり」とゆっくり言ってみましょう。「ん」の時に、舌の付け根が上あごにくっつき「ぐ」の時に離れますね。この「んぐ」を素早く言うとNGになりますよ。なお、NGの音は語頭には現れません。

Chapter 4

子音ブレンド
Consonant Blends

**ST/SC & SK/SP/SQU/SW/SM
SN/CL/FL/PL/SL/BL/GL/TR
CR/FR/PR/BR/DR/GR/SPL
SPR/THR/STR/SCR**

Consonant Blends

実践！フォニックスのシャドーイング・ドリル

■ 子音ブレンドは、それぞれの子音の特徴が残る、
2文字以上のつづり音である！

　この章では、子音の特徴がそれぞれ残る2文字以上のつづり音について学びます。さて、Chapter 3に登場した二重子音字のルールを覚えていますか。二重子音字は2つの子音が隣り合い、文字と文字が"化学変化"を起こし「新しい音」を作りますが、子音ブレンドは隣り合う子音字の音が「混合」し、それぞれの音の特徴を残します。具体的に1つ例を挙げて説明しましょう。1字つづり字のSとTですが、Chapter 1で学んだ通りSの音は「ス」、Tは「トッ」です。SとTのブレンド音（すなわちST）は、SとTの間に母音を挟まず（ここが大事です）、一気に「ストッ」と読み上げます。つまり、子音ブレンドは2文字（または3文字）の子音混合音です。なお、子音ブレンド音のblendは2つ以上のものを「混ぜ合わせる」という意味ですが、この単語には"混合して調和のあるものを作り出す"というニュアンスを含みます。ここからも分かるように、子音ブレンドは子音と子音が折り合いをつけながらそれぞれの音を残すという点に最大の特徴があるのです。

S + T = ST

SとTの音の特徴をそれぞれ
残すのがブレンド音！

　なお、STを発音する時、「ス」と「トッ」の間に母音の「ぅ」を挟み「スぅトッ」と言ってはいけません。もちろん、SとTの間のみならず、Tの後に母音の「ぅ」を足して「スぅトぅ」と言うのもいけません。これでは余分な音節が増えてしまうだけです。子音と子音の間、また子音の後に不必要な母音を挟まない、これが子音ブレンドの鉄則です。では、一体どうすれば余計な母音を挟まずにブレンド音を発音することができるのでしょうか。

■ 子音ブレンドに「のんびり」は禁物、「スピード」で勝負は決まる！

　答えはいたって簡単。多少せわしないぐらいのテンポで一気にスピードをつけて読むのです。私が計測したところ、日本語読みの「スぅトぅ」は1.11秒かかりましたが、

子音ブレンド

子音ブレンドの **ST** は、わずか0.74秒でした。その時の言い方で多少なりとも数値の誤差は生じましたが、当然のことながら「スゥトゥ」の時間が「**ST**」のそれを超えることはありませんでした。そこで今度は **stomach**（おなか）という単語を使って計測を行いました。まず、**stomach** の **S** と **T** の間、および **T** の後にわざと母音の「ゥ」を挟み、"カタカナ発音風"に「スゥトゥマック、スゥトゥマック、スゥトゥマック…」と**10回**読んだところ、1単語の平均値は1.63秒でした。次に **ST** に母音を挟まず"英語として" **stomach** を10回読んだところ、平均値はたったの0.95秒でした。ここからも分かるように、とにかくブレンド音の読みは速いのです。各駅停車ではとても間に合いません。必要なのは快速電車、いえ、特急、いえいえ、新幹線のスピードです。現実的には **stomach** をカタカナ発音よろしくとばかりに、「スゥトゥマァクゥ」と発音する人はいないでしょう。しかし、それでも母語である日本語の影響から、つい英語を話す時に余分な母音を加えてしまうのはありがちなことです。

一気にスピードをつけて読む

■ **子音ブレンドの学習と並行して、1字つづりの子音の復習も怠るべからず!**
　子音ブレンドは、次の3つのグループに大別されます。
　　❶ **Sブレンド音**（1字つづりの子音 S 音を基調とする）**SC, SP, SN** など
　　❷ **Lブレンド音**（　　〃　　　　L 音を基調とする）**CL, SL, GL** など
　　❸ **Rブレンド音**（　　〃　　　　R 音を基調とする）**TR, BR, DR** など

　ブレンド音は子音と子音の混合音ですので、各子音の音を理解していることが大前提となります。「はて？　**W**はどんな音だったかな?」と疑問に思った時は適当にごまかさず、**W** のページに戻って音の作り方を確認しましょう。なお、子音ブレンドは2文字のみならず3文字群もありますので、基礎となる1字子音は今のうちにしっかりと復習しておくことをお勧めいたします。

Consonant Blends

Rule 37

CD Track 37

ST

[st]

SとTがドッキング!

ST・ST・ST

stand
立つ

in**st**ead
代わりに

co**st**
(費用が) かかる

発音のヒント

ここに余分な「ぅ」を加えない!

$$S + T = ST$$

■ 発音の仕方

① まずはSブレンド音から見ていきましょう。基本の音は1字つづりのSです。
② 息を「スー」と流し、上前歯の裏側に舌先をあてます。
③ 一瞬、息の流れが止まります。
④ 舌先を離しながら「トッ」と息を吐き出します。

子音ブレンド

Shadowing Drill
穴あき部分をうめて、
シャドーイングにチャレンジ！

▶ ST

1. ST ST　□□ar
2. ST ST　□□ep
3. ST ST　□□ory
4. ST ST　□□udent
5. ST ST　mi□□ake
6. ST ST　we□□ern
7. ST ST　breakfa□□
8. ST ST　li□□

①star（星）、②step（段階）、③story（物語）、④student（生徒）、⑤mistake（間違える）、⑥western（西の）、⑦breakfast（朝食）、⑧list（リスト）

■ 参考ルール

◎ S＝1字子音のS（Rule 12）　　p.042
◎ T＝1字子音のT（Rule 6）　　p.030

Consonant Blends

Rule 38

CD Track 38

SC & SK
[sk]

Sと硬いC、SとKがドッキング!

SC・SC・SC
SK・SK・SK

scarf　　**sk**i
スカーフ　　スキー

発音のヒント

ここに余分な「ぅ」を加えない!　　ここに余分な「ぅ」を加えない!

S + C = S C　　S + K = S K

■ 発音の仕方

① 息を「スー」と流した後、喉奥の舌の付け根を持ち上げて、それを上あごにぴったりとくっつけます。
② 一瞬、息の流れが止まります。
③ 舌の付け根を上あごから一気に離して、「クッ」と息を出します。

実践! フォニックスのシャドーイング・ドリル

子音ブレンド

Shadowing Drill
穴あき部分をうめて、シャドーイングにチャレンジ！

▶ SC & SK

1. SC SC ☐☐ale
2. SC SC ☐☐hool
3. SC SC di☐☐over
4. SC SC di☐☐uss
5. SK SK ☐☐ate
6. SK SK ☐☐y
7. SK SK ba☐☐et
8. SK SK de☐☐

①scale（目盛）、②school（学校）、③discover（発見する）、④discuss（議論）、⑤skate（スケート）、⑥sky（空）、⑦basket（かご）、⑧desk（机）

■ 参考ルール

◎ S＝1字子音のS（Rule 12） p.042
◎ C＝1字子音のHard C（Rule 3） p.024
◎ K＝1字子音のK（Rule 4） p.026

メモ

語頭のSCHもschoolのようにSKと発音します。

111

Consonant Blends

Rule 39

CD Track 39

◇ 実践！フォニックスのシャドーイング・ドリル

SP
[sp]

ＳとＰがドッキング!

SP・SP・SP

speed　　re**sp**ect　　gra**sp**
スピード　　　尊敬する　　　つかむ

発音のヒント

ここに余分な「ぅ」を加えない!

$$S + P = SP$$

■ 発音の仕方

① 息を「スー」と流した後、唇をぴったりと合わせます。
② 一瞬、息の流れが止まります。
③ 閉じている唇を一気に開いて「プッ」と息を出します。

子音ブレンド

Shadowing Drill
穴あき部分をうめて、シャドーイングにチャレンジ！

▶ SP

1. SP SP ☐☐ace
2. SP SP ☐☐eech
3. SP SP ☐☐ell
4. SP SP ☐☐oon
5. SP SP ☐☐ot
6. SP SP e☐☐ecially
7. SP SP ho☐☐ital
8. SP SP ga☐☐

①space（空間）、②speech（スピーチ）、③spell（字をつづる）、④spoon（スプーン）、⑤spot（場所）、⑥especially（とりわけ）、⑦hospital（病院）、⑧gasp（ハッと息をのむ）

■ 参考ルール

◎ S＝1字子音のS（Rule 12） p.042
◎ P＝1字子音のP（Rule 2） p.022

Consonant Blends

Rule 40

SQU
[skw]

SとQUがドッキング!

SQU・SQU・SQU

squeeze
絞る

squeak
(ネズミなどが) チューチュー鳴く

発音のヒント

ここに余分な「ぅ」を加えない!

S + QU = S QU

■ 発音の仕方

① 息を「スー」と流します。
② 舌の付け根を上あごにぴったりとつけ、息の流れを止めます。
③ ひょっとこのように唇を丸めます。
④ 舌の付け根を上あごから離すのと同時に、すぼめた唇を元に戻し「クウッ」と声を出します。

◆ 実践！フォニックスのシャドーイング・ドリル

子音ブレンド

Shadowing Drill
穴あき部分をうめて、
シャドーイングにチャレンジ！

▶ SQU

1 SQU SQU ☐☐☐are
2 SQU SQU ☐☐☐at
3 SQU SQU ☐☐☐awk
4 SQU SQU ☐☐☐irrel

①square（正方形）、②squat（しゃがむ）、③squawk（ガーガー鳴く）、④squirrel（リス）

■ 参考ルール

◎ S＝1字子音のS（Rule 12）　　p.042
◎ QU＝1字子音のQU（Rule 20）　p.058

メモ

SQUのQUはフォニックスの音で書き表すとKWです。つまり、SQUの音はSKWです。

SQU → SKW

Consonant Blends

Rule 41

CD Track 41

◆◇ 実践！フォニックスのシャドーイング・ドリル

SW
[sw]

SとWがドッキング！

SW・SW・SW

swan　　**sw**eat　　**sw**ing
白鳥　　　　汗　　　　揺り動かす

発音のヒント

ここに余分な「ぅ」を加えない！

S + W = SW

■ 発音の仕方

① 息を「スー」と流しましょう。
② すかさず唇をひょっとこのように丸めて「ウッ」と声を出します。

116

子音ブレンド

Shadowing Drill
穴あき部分をうめて、シャドーイングにチャレンジ！

▶ SW

1. SW SW ☐☐allow
2. SW SW ☐☐eater
3. SW SW ☐☐eep
4. SW SW ☐☐eet
5. SW SW ☐☐ift
6. SW SW ☐☐imsuit
7. SW SW ☐☐itch
8. SW SW pa☐☐☐ord

重なる SS は 1 字扱いなので、SSW は SW と読むよ！

①swallow（飲み込む）、②sweater（セーター）、③sweep（掃く）、④sweet（甘い）、⑤swift（迅速な）、⑥swimsuit（水着）、⑦switch（スイッチ）、⑧password（パスワード）

■ 参考ルール

◎ S = 1 字子音の S （Rule 12）　p.042
◎ W = 1 字子音の W （Rule 19）　p.056

Consonant Blends

Rule 42

CD Track 42

SM
[sm]

SとMがドッキング！

SM・SM・SM

small
小さい

smoke
煙

smile
ほほ笑む

発音のヒント

ここに余分な「ぅ」を加えない！

S + M = SM

■ 発音の仕方

① 息を「スー」と流し、唇を閉じます。
② すかさず鼻から「ンー」と声を出しましょう。

◇◇ 実践！フォニックスのシャドーイング・ドリル

子音ブレンド

ワンポイント
ZM と読む SM もあるよ!

Shadowing Drill
穴あき部分をうめて、シャドーイングにチャレンジ！

▶ SM

1. SM SM □□ack
2. SM SM □□art
3. SM SM □□ash
4. SM SM □□ell
5. SM SM □□oothly
6. SM SM cla□□□ate

①smack（ぴしゃりとたたく）、②smart（頭のいい）、③smash（強く打つ）、④smell（〜のにおいがする）、⑤smoothly（なめらかに）、⑥classmate（クラスメート）

▶ ZMと読むSM

1. SM SM co□□etic
2. SM SM co□□os
3. SM SM critici□□
4. SM SM pri□□

①cosmetic（化粧品）、②cosmos（宇宙）、③criticism（論評）、④prism（角柱）

■ 参考ルール

◎ S＝1字子音のS（Rule 12） p.042
◎ M＝1字子音のM（Rule 8） p.034

Consonant Blends

Rule 43

CD Track 43

SN
[sn]

SとNがドッキング!

SN・SN・SN

snake
ヘビ

snail
カタツムリ

snooze
うた寝をする

発音のヒント

ここに余分な「ぅ」を加えない!

S + N = S↓N↓

■ 発音の仕方

① 息を「スー」と流し、上前歯の裏側に舌先をあてます。
② すぐに舌先を離し、鼻から「ンヌ」と声を出しましょう。

実践! フォニックスのシャドーイング・ドリル

子音ブレンド

Shadowing Drill
穴あき部分をうめて、
シャドーイングにチャレンジ!

▶ SN

1. SN SN ☐☐ack
2. SN SN ☐☐ap
3. SN SN ☐☐ore
4. SN SN ☐☐ow

①snack(おやつ)、②snap(パチンと音を立てる)、③snore(いびきをかく)、④snow(雪)

■ 参考ルール

S＝1字子音のS (Rule 12)　　p.042
N＝1字子音のN (Rule 9)　　p.036

Consonant Blends

Rule 44

CD Track 44

CL
[kl]

硬い C と明るい L がドッキング!

CL・CL・CL

clean **cl**ick **cl**ock
きれいな ボタンをカチッと押す 時計

発音のヒント

ここに余分な「ぅ」を加えない!

$$C + L = CL$$

■ 発音の仕方

① ここからは L ブレンド音です。基本の音は1字つづりの L です。
② 舌の付け根を上あごにぴったりとつけ、息の流れを止めます。
③ 舌の付け根を離して「クッ」と息を吐き出します。
④ 舌先をすかさず上前歯の裏にあて、舌先を離しながら「ルッ」と声を出しましょう。

実践! フォニックスのシャドーイング・ドリル

子音ブレンド

Shadowing Drill
穴あき部分をうめて、シャドーイングにチャレンジ！

▶ CL

1. CL CL ☐☐assic
2. CL CL ☐☐assroom
3. CL CL ☐☐erk
4. CL CL ☐☐ever
5. CL CL ☐☐imate
6. CL CL ☐☐oth
7. CL CL ☐☐oudy
8. CL CL in☐☐ude

①classic（古典）、②classroom（教室）、③clerk（事務員）、④clever（利口な）、⑤climate（気候）、⑥cloth（布）、⑦cloudy（くもりの）、⑧include（含む）

■ 参考ルール

◎ C＝1字子音の Hard C （Rule 3） p.024
◎ L＝1字子音の L （Rule 14） p.046

メモ

LブレンドのLは「明るいL」です。

Consonant Blends

Rule 45

CD Track 45

FL
[fl]

Fと明るいLがドッキング!

FL・FL・FL

flat **fl**y in**fl**uence
平らな 飛ぶ 影響

発音の
ヒント

ここに余分な「ぅ」を加えない!

F + L = FL

■ 発音の仕方

① 上前歯を下唇に軽くあて「フー」と息を流します。
② 舌先をすかさず上前歯の裏にあて、舌先を離しながら「ルッ」と声を出しましょう。

◆◇ 実践!フォニックスのシャドーイング・ドリル

子音ブレンド

Shadowing Drill
穴あき部分をうめて、
シャドーイングにチャレンジ！

▶▶ FL

1. FL FL ▢▢ame
2. FL FL ▢▢avor
3. FL FL ▢▢exible
4. FL FL ▢▢ight
5. FL FL ▢▢ood
6. FL FL ▢▢oor
7. FL FL ▢▢ow
8. FL FL con▢▢ict

①flame（炎）、②flavor（風味）、③flexible（柔軟性のある）、④flight（フライト）、⑤flood（洪水）、
⑥floor（床）、⑦flow（溢れる）、⑧conflict（衝突）

■ 参考ルール

◎ F＝1字子音の F（Rule 10）　　p.038
◎ L＝1字子音の L（Rule 14）　　p.046

Consonant Blends

Rule 46

PL

[pl]

Pと明るいLがドッキング!

PL・PL・PL

play
遊ぶ

plant
植物

air**pl**ane
飛行機

発音のヒント

ここに余分な「ぅ」を加えない!

P + L = PL

■ 発音の仕方

① 唇を閉じます。
② 口を一気に開けて「プ」と息を放出します。
③ 舌先をすかさず上前歯の裏にあて、舌先を離しながら「ルッ」と声を出しましょう。

実践!フォニックスのシャドーイング・ドリル

子音ブレンド

Shadowing Drill
穴あき部分をうめて、
シャドーイングにチャレンジ！

▶ PL

1 PL PL ☐☐anet
2 PL PL ☐☐ate
3 PL PL ☐☐easant
4 PL PL ☐☐enty
5 PL PL em☐☐oyee
6 PL PL ex☐☐ain
7 PL PL re☐☐y
8 PL PL sup☐☐y

①planet（惑星）、②plate（皿）、③pleasant（気持ちのいい）、④plenty（たくさんの）、
⑤employee（従業員）、⑥explain（説明する）、⑦reply（返事）、⑧supply（供給する）

■ 参考ルール

◎ P＝1字子音のP（Rule 2） p.022
◎ L＝1字子音のL（Rule 14） p.046

Consonant Blends

Rule 47

CD Track 47

SL

[sl]

Sと明るいLがドッキング！

SL・SL・SL

sleep 寝る　　**sl**ow ゆっくりした　　**sl**ippers スリッパ

実践！フォニックスのシャドーイング・ドリル

発音のヒント

ここに余分な「ぅ」を加えない！

S + L = SL

■ 発音の仕方

① 息を「スー」と流しましょう。
② 舌先をすかさず上前歯の裏にあて、舌先を離しながら「ルッ」と声を出します。

子音ブレンド

Shadowing Drill

穴あき部分をうめて、
シャドーイングにチャレンジ！

▶ SL

1. SL SL ☐☐ang
2. SL SL ☐☐eeve
3. SL SL ☐☐ice
4. SL SL ☐☐ide
5. SL SL ☐☐ight
6. SL SL ☐☐im
7. SL SL ☐☐ip
8. SL SL a☐☐eep

①slang（スラング）、②sleeve（袖）、③slice（一切れ）、④slide（滑り台）、⑤slight（ほんのわずかな）、⑥slim（細い）、⑦slip（滑る）、⑧asleep（眠っている）

■ 参考ルール

◎ S＝1字子音のS（Rule 12）　p.042
◎ L＝1字子音のL（Rule 14）　p.046

Consonant Blends

Rule 48

CD Track 48

BL
[bl]

Bと明るいLがドッキング！

BL・BL・BL

block
ブロック

blow
（風が）吹く

pu**bl**ic
公共の

発音のヒント

ここに余分な「ぅ」を加えない！

B + L = B↓L↓

■ 発音の仕方

① 唇を閉じます。
② 口を一気に開けて「ブッ」と声を出します。
③ 舌先をすかさず上前歯の裏にあて、舌先を離しながら「ルッ」と声を出しましょう。

実践！フォニックスのシャドーイング・ドリル

子音ブレンド

Shadowing Drill
穴あき部分をうめて、
シャドーイングにチャレンジ!

▶▶ BL

1. BL BL ☐☐ackboard
2. BL BL ☐☐anket
3. BL BL ☐☐end
4. BL BL ☐☐ink
5. BL BL ☐☐ood
6. BL BL ☐☐oom
7. BL BL pro☐☐em
8. BL BL pu☐☐ish

①blackboard(黒板)、②blanket(毛布)、③blend(混ぜ合わせる)、④blink(またたく)、⑤blood(血)、⑥bloom(開花)、⑦problem(問題)、⑧publish(出版する)

■ 参考ルール

◎ B＝1字子音のB (Rule 1)　　p.020
◎ L＝1字子音のL (Rule 14)　p.046

131

Consonant Blends

Rule 49

CD Track 49

GL
[gl]

硬い G と明るい L がドッキング!

GL・GL・GL

gloves 手袋   **gl**ow 光を放つ   En**gl**and イングランド

発音のヒント

ここに余分な「ぅ」を加えない!

G + L = GL

■ 発音の仕方

① 舌の付け根を上あごにあてます。
② 舌の付け根を上あごから離して「グッ」と声を出します。
③ 舌先をすかさず上前歯の裏にあて、舌先を離しながら「ルッ」と声を出しましょう。

実践！フォニックスのシャドーイング・ドリル

子音ブレンド

Shadowing Drill
穴あき部分をうめて、
シャドーイングにチャレンジ！

▶ GL

1. GL GL ☐☐ad
2. GL GL ☐☐ance
3. GL GL ☐☐ass
4. GL GL ☐☐obal
5. GL GL ☐☐ory
6. GL GL u☐☐y

①glad（嬉しく思う）、②glance（ちらりと見る）、③glass（ガラス）、④global（地球の）、⑤glory（栄光）、⑥ugly（不快な）

■ 参考ルール

◎ G＝1字子音の Hard G（Rule 5） p.028
◎ L＝1字子音の L（Rule 14） p.046

Consonant Blends

Rule 50

CD Track 50

TR
[tr]

TとRがドッキング!

TR・TR・TR

travel
旅行する

trick
いたずら

tropical
熱帯の

発音のヒント

ここに余分な「ぅ」を加えない!

T + R = TR

■ 発音の仕方

① ここからは R ブレンド音です。基本の音は1字つづりの R です。
② 舌先を上前歯の裏と歯茎の境目にあてます。
③ 舌先を離しながら「チュゥル」と一気に声に出しましょう。

子音ブレンド

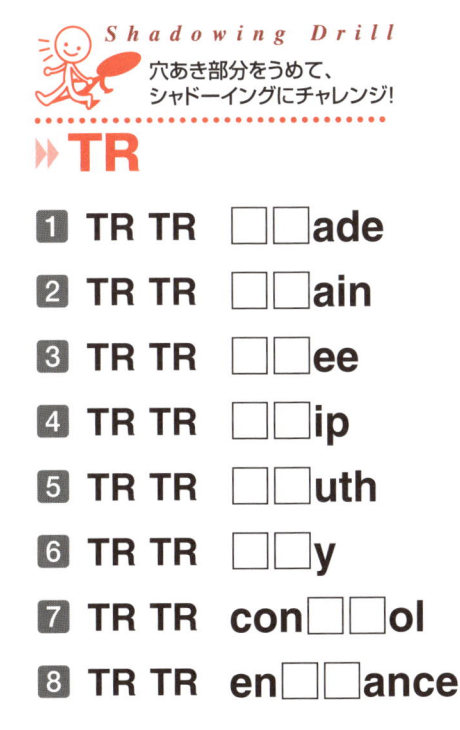

Shadowing Drill
穴あき部分をうめて、
シャドーイングにチャレンジ！

▶ TR

1. TR TR ☐☐ade
2. TR TR ☐☐ain
3. TR TR ☐☐ee
4. TR TR ☐☐ip
5. TR TR ☐☐uth
6. TR TR ☐☐y
7. TR TR con☐☐ol
8. TR TR en☐☐ance

①trade（取引）、②train（列車）、③tree（木）、④trip（旅行）、⑤truth（真実）、⑥try（試みる）、⑦control（支配する）、⑧entrance（入口）

■ 参考ルール

◎ T＝1字子音の T（Rule 6）　　p.030
◎ R＝1字子音の R（Rule 15）　　p.048

メモ

TR の T は1字子音の T の音色とは若干異なり、「トッ」よりも「チュ」に近い音になります。

Consonant Blends

Rule 51

CR
[kr]

硬いCとRがドッキング!

CR・CR・CR

create 創造する **cr**oss 横断する se**cr**et 秘密

発音のヒント

ここに余分な「ゥ」を加えない!

$$C + R = CR$$

■ 発音の仕方

① 舌の付け根を上あごにあてます。
② 舌の付け根を上あごから離して「クッ」と息を出します。
③ 舌先を口の中の天井に向かって巻き上げ「ゥル」と声を出しましょう。

◇◆ 実践！フォニックスのシャドーイング・ドリル

子音ブレンド

Shadowing Drill
穴あき部分をうめて、
シャドーイングにチャレンジ！

▸ **CR**

1. CR CR ▢▢ack
2. CR CR ▢▢eam
3. CR CR ▢▢ime
4. CR CR ▢▢op
5. CR CR ▢▢owded
6. CR CR ▢▢y
7. CR CR a▢▢oss
8. CR CR in▢▢ease

①crack（ひびが入る）、②cream（クリーム）、③crime（犯罪）、④crop（作物）、⑤crowded（混雑した）、⑥cry（泣く）、⑦across（～を横切って）、⑧increase（増える）

■ 参考ルール

◎ C＝1字子音の Hard C（Rule 3） p.024
◎ R＝1字子音の R（Rule 15） p.048

Consonant Blends

Rule 52

CD Track 52

FR
[fr]

FとRがドッキング!

FR・FR・FR

front　**fr**y　A**fr**ica
正面　　炒める　　アフリカ

発音のヒント

ここに余分な「ゥ」を加えない!

$$F + R = FR$$

■ 発音の仕方

① 上前歯を下唇に軽くあて「フー」と息を流します。
② 舌先を口の中の天井に向かって巻き上げ「ゥル」と声を出しましょう。

実践! フォニックスのシャドーイング・ドリル

子音ブレンド

Shadowing Drill
穴あき部分をうめて、シャドーイングにチャレンジ！

▶ FR

1. FR FR ☐☐ance
2. FR FR ☐☐ank
3. FR FR ☐☐eeze
4. FR FR ☐☐iday
5. FR FR ☐☐iend
6. FR FR ☐☐ost
7. FR FR a☐☐aid
8. FR FR re☐☐esh

①France（フランス）、②frank（素直な）、③freeze（凍る）、④Friday（金曜日）、⑤friend（友人）、⑥frost（霜）、⑦afraid（恐れて）、⑧refresh（活気づける）

■ 参考ルール

◎ F＝1字子音のF（Rule 10）　　p.038
◎ R＝1字子音のR（Rule 15）　　p.048

Consonant Blends

Rule 53

PR
[pr]

PとRがドッキング!

PR・PR・PR

prince 王子　　**pr**ide プライド　　A**pr**il 4月

発音のヒント

ここに余分な「ぅ」を加えない!

$$P + R = PR$$

■ 発音の仕方

① 唇をしっかりと閉じます。
② 唇を一気に開いて「プッ」と息を出します。
③ 舌先を口の中の天井に向かって巻き上げ「ゥル」と声を出しましょう。

子音ブレンド

Shadowing Drill
穴あき部分をうめて、
シャドーイングにチャレンジ!

▶ PR

1. PR PR ☐☐esent
2. PR PR ☐☐etty
3. PR PR ☐☐ice
4. PR PR ☐☐int
5. PR PR ☐☐omise
6. PR PR a☐☐on
7. PR PR ex☐☐ess
8. PR PR im☐☐ove

①present（プレゼント）、②pretty（かわいい）、③price（値段）、④print（印刷）、⑤promise（約束する）、⑥apron（エプロン）、⑦express（表現する）、⑧improve（上達する）

■ 参考ルール

◎ P＝1字子音のP（Rule 2）　　p.022
◎ R＝1字子音のR（Rule 15）　 p.048

141

Consonant Blends

Rule 54

CD Track 54

BR
[br]

BとRがドッキング!

BR・BR・BR

bread 食パン　　**br**ush ブラシ　　a**br**oad 外国に

発音のヒント

ここに余分な「ぅ」を加えない!

$$B + R = B \downarrow R \downarrow$$

■ 発音の仕方

① 唇を閉じます。
② 唇を一気に開けて「ブッ」と声を出します。
③ 舌先を口の中の天井に向かって巻き上げ「ゥル」と声を出しましょう。

実践! フォニックスのシャドーイング・ドリル

子音ブレンド

Shadowing Drill
穴あき部分をうめて、
シャドーイングにチャレンジ！

▶ BR

1. BR BR ☐☐ain
2. BR BR ☐☐ave
3. BR BR ☐☐eak
4. BR BR ☐☐eath
5. BR BR ☐☐ief
6. BR BR ☐☐ight
7. BR BR ☐☐ing
8. BR BR li☐☐ary

①brain（脳）、②brave（勇敢な）、③break（壊れる）、④breath（息）、⑤brief（手短な）、⑥bright（明るい）、⑦bring（持っていく）、⑧library（図書館）

■ 参考ルール

◎ B＝1字子音の B（Rule 1） p.020
◎ R＝1字子音の R（Rule 15） p.048

143

Consonant Blends

Rule 55

CD Track 55

DR
[dr]

DとRがドッキング!

DR・DR・DR

drink
飲む

a**dd**r**ess**
住所

with**dr**aw
（預金を）引き出す

発音のヒント

ここに余分な「ゥ」を加えない!

$$D + R = DR$$

■ 発音の仕方

① 舌先を上前歯の裏と歯茎の境目にあてます。
② 舌先を引っ込めながら「デュゥル」と一気に声を出します。

実践! フォニックスのシャドーイング・ドリル

子音ブレンド

Shadowing Drill

穴あき部分をうめて、
シャドーイングにチャレンジ！

▶ DR

1. DR DR ☐☐ama
2. DR DR ☐☐eam
3. DR DR ☐☐ill
4. DR DR ☐☐iver
5. DR DR ☐☐y
6. DR DR be☐☐oom
7. DR DR chil☐☐en
8. DR DR hun☐☐ed

①drama（ドラマ）、②dream（夢）、③drill（反復練習）、④driver（運転手）、⑤dry（乾いた）、⑥bedroom（寝室）、⑦children（子供たち）、⑧hundred（100）

■ 参考ルール

◎ D＝1字子音のD （Rule 7） p.032
◎ R＝1字子音のR （Rule 15） p.048

メモ

DR の D は1字子音の D の音色とは若干異なり、「ドッ」よりも「デュ」に近い音になります。

Consonant Blends

Rule 56

CD Track 56

GR
[gr]

硬いGとRがドッキング!

GR・GR・GR

gray
グレー

great
すごい

a**gr**ee
同意する

発音のヒント

ここに余分な「ぅ」を加えない!

$$G + R = GR$$

■ 発音の仕方

① 舌の付け根を上あごにあてます。
② 舌の付け根を上あごから離して「グッ」と声を出します。
③ 舌先を口の中の天井に向かって巻き上げ「ゥル」と声を出しましょう。

実践!フォニックスのシャドーイング・ドリル

子音ブレンド

Shadowing Drill

穴あき部分をうめて、
シャドーイングにチャレンジ！

▶ GR

1. GR GR ☐☐ade
2. GR GR ☐☐ammar
3. GR GR ☐☐ass
4. GR GR ☐☐ound
5. GR GR ☐☐oup
6. GR GR an☐☐y
7. GR GR pro☐☐am
8. GR GR pro☐☐ess

①grade（級）、②grammar（文法）、③grass（草）、④ground（地面）、⑤group（グループ）、⑥angry（怒って）、⑦program（プログラム）、⑧progress（進歩）

■ 参考ルール

◎ G＝1字子音の Hard G（Rule 5） p.028
◎ R＝1字子音の R（Rule 15） p.048

Consonant Blends

Rule 57

CD Track 57

SPL
[spl]

SとPLがドッキング!

SPL・SPL・SPL

splash
（水などが）はねる

split
分ける

発音のヒント

ここに余分な「ぅ」を加えない!

$$S + PL = S\!\!\downarrow\!\!PL$$

■ 発音の仕方

① ここからは3文字ブレンド音が登場です。
② 息を「スー」と流した後、唇を閉じます。
③ 一瞬、息の流れが止まります。
④ 口を一気に開けて「プ」と息を吐き出します。
⑤ すかさず舌先を上前歯の裏と歯茎の境目にあて、舌先をはじきながら「ルッ」と声を出しましょう。

子音ブレンド

Shadowing Drill
穴あき部分をうめて、
シャドーイングにチャレンジ!

▶ SPL

1 SPL SPL ☐☐☐endid
2 SPL SPL ☐☐☐inter

①splendid（すばらしい）、②splinter（とげ）

■ 参考ルール

◎ S＝1字子音のS（Rule 12） p.042
◎ PL＝子音ブレンドのPL（Rule 46） p.126

Consonant Blends

Rule 58

CD Track 58

SPR
[spr]

SとPRがドッキング!

SPR・SPR・SPR

spray
吹きかける

springtime
春季

発音のヒント

ここに余分な「ぅ」を加えない!

S + PR = S PR

実践!フォニックスのシャドーイング・ドリル

■ 発音の仕方

① 息を「スー」と流した後、唇を閉じます。
② 一瞬、息の流れが止まります。
③ 唇を一気に開けて「プ」と息を吐き出します。
④ すかさず舌先を口の中の天井に向かって巻き上げ「ゥル」と声を出しましょう。

子音ブレンド

Shadowing Drill
穴あき部分をうめて、シャドーイングにチャレンジ！

▶ SPR

1. SPR SPR ☐☐☐ead
2. SPR SPR ☐☐☐inkle
3. SPR SPR ☐☐☐int
4. SPR SPR ☐☐☐out

①spread（広がる）、②sprinkle（振りかける）、③sprint（全速力で走る）、④sprout（芽が出る）

■ 参考ルール

◎ S＝1字子音のS（Rule 12）　p.042
◎ PR＝子音ブレンドのPR（Rule 53）　p.140

Consonant Blends

Rule 59

CD Track 59

THR
[θr]

息の TH と R がドッキング!

THR・THR・THR

thrill スリル

ba**thr**oom 浴室

発音のヒント

ここに余分な「ぅ」を加えない!

TH + R = TH·R

■ 発音の仕方

① 前歯で舌先を少し噛み「スッ」と息を吐き出しながら、舌先を引っ込めます。
② そのまま舌先を口の中の天井に向かって巻き上げ、「ゥル」と声を出しましょう。

◆◇ 実践! フォニックスのシャドーイング・ドリル

子音ブレンド

Shadowing Drill

穴あき部分をうめて、
シャドーイングにチャレンジ！

▶ THR

1 THR THR ☐☐☐ead
2 THR THR ☐☐☐ee
3 THR THR ☐☐☐oat
4 THR THR ☐☐☐ough
5 THR THR ☐☐☐ow

①thread（糸）、②three（3）、③throat（喉）、④through（〜を通して）、⑤throw（投げる）

■ 参考ルール

◎ TH ＝二重子音字の息の TH（Rule 31） p.092
◎ R ＝１字子音の R（Rule 15） p.048

Consonant Blends

Rule 60

STR
[str]

SとTRがドッキング!

STR・STR・STR

strong
強い

indu**str**y
産業

発音のヒント

ここに余分な「ゥ」を加えない!

S + TR = STR

■ 発音の仕方

① 息を「スー」と流し、舌先を上前歯の裏と歯茎の境目にあてます。
② 一瞬、息の流れが止まります。
③ すかさず舌先を離し「チュゥル」と一気に声に出しましょう。

子音ブレンド

Shadowing Drill
穴あき部分をうめて、シャドーイングにチャレンジ！

▶ STR

1. STR STR ☐☐☐ange
2. STR STR ☐☐☐eam
3. STR STR ☐☐☐eet
4. STR STR ☐☐☐ess
5. STR STR ☐☐☐etch
6. STR STR ☐☐☐ict
7. STR STR de☐☐☐oy
8. STR STR in☐☐☐ument

①strange（奇妙な）、②stream（小川）、③street（道）、④stress（ストレス）、⑤stretch（伸ばすこと）、⑥strict（厳しい）、⑦destroy（壊す）、⑧instrument（楽器）

■ 参考ルール

◎ S＝1字子音のS（Rule 12）　p.042
◎ TR＝子音ブレンドのTR（Rule 50）　p.134

メモ
TRと同様に、STRのTも1字子音のTの音色とは若干異なり「チュ」に近い音になります。

155

Consonant Blends

Rule 61

CD Track 61

SCR
[skr]

SとCRがドッキング!

SCR・SCR・SCR

scroll
スクロールする

scrub
ゴシゴシ洗う

発音のヒント

ここに余分な「ゥ」を加えない!

S + CR = S↓CR↓

■ 発音の仕方

① 息を「スー」と流し、舌の付け根を上あごにあてます。
② 一瞬、息の流れが止まります。
③ 舌の付け根を上あごから離して「クッ」と息を出します。
④ すかさず舌先を口の中の天井に向かって巻き上げ「ゥル」と声を出しましょう。

◇◆ 実践!フォニックスのシャドーイング・ドリル

子音ブレンド

Shadowing Drill
穴あき部分をうめて、シャドーイングにチャレンジ！

▸ SCR

1. SCR SCR ☐☐☐eam
2. SCR SCR ☐☐☐een
3. SCR SCR ☐☐☐ewdriver
4. SCR SCR ☐☐☐ipt
5. SCR SCR de☐☐☐ibe

①scream（叫び声を上げる）、②screen（画面）、③screwdriver（ねじ回し）、④script（台本）、⑤describe（表現する）

■ 参考ルール

◎ S＝1字子音のS（Rule 12） p.042
◎ CR＝子音ブレンドのCR（Rule 51） p.136

157

Chapter 5

母音ペア 1
Vowel Pairs 1

AI & AY / IE〔1〕/ IE〔2〕/ UE & UI
EA & EE / OA & OW

Vowel Pairs 1

実践！フォニックスのシャドーイング・ドリル

■ 2つの母音字が並ぶ時、最初の文字をアルファベット読みするべし！

この章では2つの母音字が並ぶ時、最初の文字をアルファベット読みするというつづり字のルールを学びます。例えば rain は「レイン」と発音しますが、さて、この単語を子音字と母音字に分けるとどうなるでしょう。前者はRとN、後者はAとIですね。日常的に英単語に接する中で、つづり字を分割するという作業はあまり頻繁に（と言いますか、ほぼゼロに近い確率で）行われないと推測しますが、実は母音ペア1の仕組みを理解する上で、文字と文字を切り離して「見る」ことはとても大切です。と言うのも、母音ペア1のフォニックスは、隣り合う母音字のうち、最初の文字をアルファベット読みし、後ろの文字は読まないというルールの上に成り立っているからです。rain に関して言えば、このルールの強制がかかり母音字の AI のうち A をアルファベット読みし（エィと発音します）、I は読まないことになり…rain は "R エィ N" となる訳です。

r (a) (i) n

読むのは最初のアルファベットだけ！

■ 読まない文字には、読まないなりの理由がちゃんとある！

つまり、原則として、後ろの文字は読まなくてよいのです。と言いますか、厳密には読んではいけません。では、どうせ読まないのなら、最初からその文字は必要ないのでは？ と思う方もいるでしょう。しかしながら、「単語の中央に1つだけ母音がある場合、その母音はフォニックス読みをする」というルールが示す通り、rainのIをとってしまうと、それは「雨」ではなく「runの過去形」のranになってしまいます。実際のところ、母音字のアルファベットは A I U E O の 5つしかありませんが、母音は20数通りあります。つまり、たった5つの文字で何通りもの音を作るには、ありとあらゆる組み合わせでつづり字のバリエーションを増やすしかないのです。母音ペア1はその原則を示す好例であり、読まない文字の存在の意味を見出すことのできる貴重なルー

ルと言えましょう。ですから、それが仮に読まない文字であったとしても、決して不必要という訳ではないのです。むしろIがあるからこそrainは「雨」という意味を持つのであり、決して「走った」にはならないのです。このように、英語のつづりは実に機能的にできており、言わずもがな、大変に奥深い世界を持っているのです。

■ **日々精進、1日でも早くフォニックスの瞬発力をつけるべし!**

　ちなみに母音ペア①にはAIとAYがあります。このつづり字を分解して「見る」と、どちらもAが先頭です。つまりAIとAYは見た目こそ違いますが、読み方はAのアルファベット読みの「エィ」です。

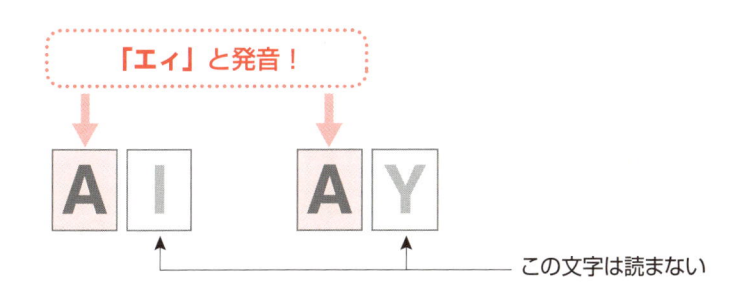

「エィ」と発音!

A I　　A Y

この文字は読まない

　このように母音ペア①の法則に慣れてくると、並列する母音字をパッと見ただけで「つづり字の音」が分かるようになります。こうなればしめたもの! フォニックスの瞬発力が備わってきた証拠です。なお、Rule 63と64のIEには「Iのアルファベット読み」（最初のつづり字を読むもの）と「Eのアルファベット読み」（2番目のつづり字を読むもの）の2パターンがあります。しかしながら、すでにお話ししたように、原則、母音ペア①は最初の母音字のほうをアルファベット読みするものと考えてください。

AIUEOの読み方は2種類あります。	❶ Short A I U E O ⇒ 母音のフォニックス読み
	❷ Long A I U E O ⇒ 母音のアルファベット読み
	なお、母音ペア①のつづり字は❷の読み方をします。

Vowel Pairs 1

Rule 62

CD Track 62

AI & AY
[ei]

実践！フォニックスのシャドーイング・ドリル

A のアルファベット読みをする！
(= Long A)

AI・AI・AI
AY・AY・AY

s**ay** w**ai**t
言う　待つ

発音のヒント

AI　エィ　AY ← 読まない

曲線を描くように音が下降

■ 発音の仕方

① AI と AY は A のアルファベット読みです。
② ひらがなの「え」よりも唇を左右にピンと引き、はっきり「エ」と言います。
③ 「エ」の後に「ィ」を軽く添えて「エィ」と発音します。

母音ペア **1**

> AIとAYは
> 「Aのアルファベット読み」だよ!

Shadowing Drill
穴あき部分をうめて、シャドーイングにチャレンジ!

▶ AI & AY

1. AI AI　　☐☐d
2. AI AI　　f☐☐l
3. AI AI　　m☐☐n
4. AI AI　　p☐☐nt
5. AY AY　　m☐☐be
6. AY AY　　aw☐☐
7. AY AY　　b☐☐
8. AY AY　　tod☐☐

①aid（助ける）、②fail（失敗する）、③main（主な）、④paint（ペンキ）、⑤maybe（多分）、⑥away（離れて）、⑦bay（湾）、⑧today（今日）

■ コメント

AIやAYのように、異なる2つの母音（ここでは「エ」と「イ」）で1つの音節を成すものを二重母音と言います。なお、二重母音のうち、最初の母音を強く読むものを下降二重母音と言います（母音ペア②にも詳しい説明が載っています）。文字通り、1つ目から2つ目へ音が渡る時に下降のトーンになるのが特徴です。

Vowel Pairs **1**

Rule 63

CD Track 63

IE〔1〕
[iː]

E のアルファベット読みをする!
(= Long E)

IE・IE・IE

chief **field** **shield**
（組織などの）長　　野原　　保護する

発音の
ヒント

読まない
↓
IE

■ 発音の仕方

① **IE**⑴は **E** のアルファベット読みです。
② 口角を引きます。そうすると笑顔の表情になります。
③ その口の構えで「イー」と言いましょう。

実践！フォニックスのシャドーイング・ドリル

母音ペア 1

> IE には 2 つの音があるよ！
> ① 「E のアルファベット読み」
> ② 「I のアルファベット読み」

Shadowing Drill
穴あき部分をうめて、
シャドーイングにチャレンジ！

▶ IE ⑴

1. IE IE　bel□□ve
2. IE IE　br□□fly
3. IE IE　p□□ce
4. IE IE　ser□□s
5. IE IE　th□□f

①believe（信じる）、②briefly（手短に）、③piece（個）、④series（連続）、⑤thief（泥棒）

■ コメント

母音ペア①に登場するフォニックスのほとんどは最初の文字をアルファベット読みしますが、IE⑴は後ろのほうの文字を読みます。なお、たいていの場合、IE⑴の IE は語中に現れますので -IE- と覚えるとよいでしょう。

Vowel Pairs 1

Rule 64

IE〔2〕
[ai]

I のアルファベット読みをする!
(= Long I)

IE・IE・IE

pie	flies	tie
パイ	fly（飛ぶ）の三単元	ネクタイ

発音のヒント

読まない
↓
IE
● ・
ア イ
曲線を描くように音が下降

■ 発音の仕方

① IE〔2〕は I のアルファベット読みです。
② ひらがなの「あ」よりもやや大きめに口を開き、はっきり「ア」と言います。
③「イ」を軽く添え「アイ」と言いましょう。

母音ペア❶

Shadowing Drill
穴あき部分をうめて、シャドーイングにチャレンジ！

▶▶ **IE**〔2〕

1. IE IE　l□□
2. IE IE　cr□□s
3. IE IE　fr□□d
4. IE IE　dr□□d

①lie（嘘）、②cries（cry［泣く］の三単元）、
③fried（fry［揚げる］の過去形）、
④dried（dry［乾く］の過去形）

I のアルファベット読みをする Y

次の Y はたいていは
語尾に現れ、
I のアルファベット読みを
する

cry
泣く

dry
乾く

fly
飛ぶ

try
試す

■ コメント

IE〔2〕の音は、主として語尾、または動詞の過去形や三単元の **S** に現れます。ちなみに **friend**（友人）の **IE** は「エ」と発音しますが、この単語の **IE** は例外と考えてください。なお、I のアルファベット読みをする **Y** もあるので、こちらも単語リストに加えておきました。

Vowel Pairs 1

Rule 65

CD Track 65

UE & UI

[uː] [juː]

U のアルファベット読みをする!
(= Long U)

UE・UE・UE
UI・UI・UI

gl**ue**
糊

s**ui**t
スーツ

発音の
ヒント

読まない

UE   UI

■ 発音の仕方

① **UE** と **UI** は **U** のアルファベット読みをします。
② なお、**U** のアルファベット読みには2つの音があります。
③ 1つは、ひょっとこのように唇を突き出し「ウー」と音を伸ばすもの。**Rule 73** に出てくる音です。
④ もう1つは、③の口の構えで「ユー」と言います。

実践! フォニックスのシャドーイング・ドリル

母音ペア 1

> **ワンポイント**
> UE と UI は
> 「U のアルファベット読み」だよ！

Shadowing Drill
穴あき部分をうめて、
シャドーイングにチャレンジ！

▶ UE & UI

1. UE UE　bl□□berry
2. UE UE　cr□□l
3. UE UE　tr□□
4. UI UI　br□□se
5. UI UI　cr□□ser
6. UI UI　fr□□t
7. UI UI　j□□ce
8. UE UE　f□□l

①blueberry（ブルーベリー）、②cruel（ひどい）、③true（真実の）、④bruise（あざ）、⑤cruiser（クルーザー）、⑥fruit（果物）、⑦juice（ジュース）、⑧fuel（燃料）

■ コメント

UI はたいてい「ウー」と発音します。なお、UE を「ウー」と読むのは CH, J, L, R, S の後に UE が続く時です。blue（青）の UE は「ウー」で、fuel（燃料）の UE は「ユー」です。

Vowel Pairs 1

Rule 66

CD Track 66

EA & EE

[iː]

E のアルファベット読みをする!

(= Long E)

EA・EA・EA
EE・EE・EE

mea**t**　**n**ee**d**
肉　　　必要である

発音の
ヒント

読まない

EA　　　EE

■ 発音の仕方

① Rule 63 と同じ音です。EA と EE は E のアルファベット読みです。
② 口角を引き「イー」と言いましょう。

母音ペア❶

> **ワンポイント**
> EAとEEは
> 「Eのアルファベット読み」だよ!

Shadowing Drill
穴あき部分をうめて、シャドーイングにチャレンジ!

▶ EA & EE

1. EA EA　□□t
2. EA EA　h□□t
3. EA EA　p□□ce
4. EA EA　w□□k
5. EE EE　d□□p
6. EE EE　fr□□
7. EE EE　h□□l　　← heal（癒す）の同音異義語だよ!
8. EE EE　sh□□p

①eat（食べる）、②heat（熱）、③peace（平和）、④weak（弱い）、⑤deep（深い）、⑥free（自由な）、⑦heel（かかと）、⑧sheep（羊）

■ コメント

EAとEEはRule 63のIE⑴と同じ音ですね。meat（肉）とmeet（会う）、feat（離れ業）とfeet（footの複数形）、neat（こざっぱりした）とNEET（ニート）など、EAとEEを含む同音異義語はたくさんありますよ!

Vowel Pairs 1

Rule 67

CD Track 67

実践！フォニックスのシャドーイング・ドリル

OA & OW
[ou]

O のアルファベット読みをする！

(= Long O)

OA・OA・OA
OW・OW・OW

coa**t**
コート

grow
成長する

発音のヒント

OA　　オゥ　　OW — 読まない

曲線を描くように音が下降

「オー」じゃなくて「オゥ」！

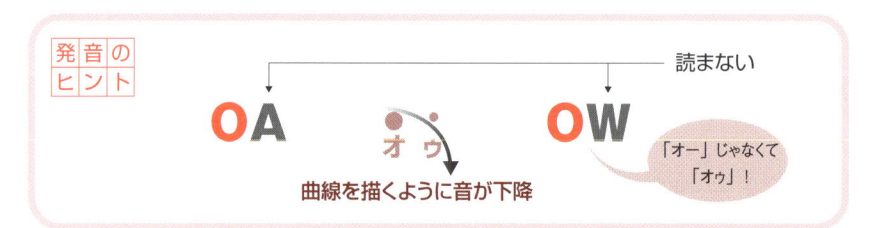

■ 発音の仕方

① OA と OW は O のアルファベット読みです。
② ひらがなの「お」よりも口をすぼめて、はっきり「オ」と言います。
③「ゥ」を軽く添え、「オゥ」と発音しましょう。

母音ペア**1**

> **ワンポイント**
> OAとOWは
> 「Oのアルファベット読み」だよ!

Shadowing Drill
穴あき部分をうめて、
シャドーイングにチャレンジ!

▶ OA & OW

1. OA OA　□□k
2. OA OA　appr□□ch
3. OA OA　g□□t
4. OA OA　s□□p
5. OW OW　b□□
6. OW OW　l□□
7. OW OW　sh□□
8. OW OW　tomorr□□

> Rule 69 の bow は
> 「お辞儀する」だよ!

①oak(樫の木)、②approach(近づく)、③goat(ヤギ)、④soap(せっけん)、⑤bow(弓)、⑥low(低い)、⑦show(見せる)、⑧tomorrow(明日)

■ コメント

ローマ字読みにつられてOのアルファベット読みを「オー」だと思っている人が案外多いようですが、正しくは「オゥ」です。また、**OAとOW**は下降二重母音なので、発音する際、下降の線を描くように音が落ちます。ちなみに「オゥ」と読む**OW**のつづり字はたいていの場合、語尾に現れます。なお、**OW**は「オゥ」の他、もう1つの読み方があります(**Rule 69**に出てきます)。

Vowel Pairs 1

カタカナ発音の O に注意

　日本人が特に気をつけなくてはならないのは「O のアルファベット読み」です。ついついカタカナ英語に引っ張られ、go を「ゴー」、old を「オールド」と言ってしまう人が多いようですが、正しくは「ゴゥ」と「オゥルド」です。このように O のアルファベット読みは「オー」ではなく「オゥ」なのです。O のアルファベット読みは…「王!」とイメージすると忘れませんよ。なお、語尾の -OLD 及び -OST は規則的に O のアルファベット読みをします。

O を見たら… 王!

1	**old**	古い	「オールド」ではない!
2	**cold**	寒い	「コールド」ではない!
3	**fold**	折りたたむ	「フォールド」ではない!
4	**gold**	金	「ゴールド」ではない!
5	**most**	最も	「モスト」ではない!
6	**post**	郵便	「ポスト」ではない!
7	**sold**	sell（売る）の過去形	「ソールド」ではない!
8	**told**	tell（伝える）の過去形	「トールド」ではない!

実践！フォニックスのシャドーイング・ドリル

母音ペア❶

まだまだあるよ！

次の単語のoも「オゥ」とアルファベット読みします。カタカナ発音にならないよう注意して！

1	g**o**	行く	←「ゴー」ではない！
2	n**o**	いいえ	←「ノー」ではない！
3	**o**cean	海洋	←「オーシャン」ではない！
4	**o**h	おお（感嘆詞）	←「オー」ではない！
5	**o**pen	開く	←「オープン」ではない！
6	**o**ver	～を超えて	←「オーバー」ではない！
7	s**o**	そのように	←「ソー」ではない！
8	**O**K	OK	←「オーケー」ではない！

Chapter 6

母音ペア 2

Vowel Pairs 2

OI & OY / OU & OW / EW / EI
短い OO / 長い OO / AU & AW

Vowel Pairs 2

■ **母音ペア2は、2つの母音字が1つの新しい音を作る!**

母音ペア1のルールは、連なる母音字のうち最初の文字をアルファベット読みするというものでしたが、母音ペア2は2つの母音字が隣り合い新たな1音を作ります。なお、Chapter 3 で習った二重子音字は「2文字の子音を1音として読む」というものですが、これに当てはめるとするならば、母音ペア2は「2文字の母音を1音として読む」です。

母音ペア1
day ← 最初の母音字「A」をアルファベット読みする

母音ペア2
boy ← O+Y=「オィ」新しい音として読む

さて、母音ペア2には(1)フォニックス読みの特徴を備えた比較的音のイメージをとらえやすい母音と、(2)つづり字からは想像もできない読み方をする母音とがあります。例えば(1)には**OI**(「オィ」)、(2)には**OO**(「ウ」または「ウー」)があります。(1)は見た目である程度音のイメージを推測することができると思いますが、(2)に関してはちょっとした暗記のコツが必要かも知れません。しかしながら(2)に相当するフォニックス・ルールは **EW**、短い **OO**、長い **OO**、**AU & AW** の4つしかありませんので、皆さんの学習を手こずらせることはないと思います。

■ **OW の関所さえ通過すれば、あとは怖いものはなし!**

OW には若干の注意が必要です。母音ペア1にて **OW** は **O** のアルファベット読みをすると習いましたので、本来このつづり字は「オゥ」と発音するべきなのですが、

「オゥ」　母音ペア1 **OW** ─── 母音ペア2 **OW**　「アゥ」

母音ペア❷

　厄介なことに **OW** にはもう1つの読み方があるのです。それが母音ペア②に登場する **OW** です。そして、当然のことながら読み方も変わり「アゥ」と発音します。

　例えば、**know** の **OW** は母音ペア①の「オゥ」ですが、語頭の **K** を取るとどうなるでしょう。そうです、**know** は **now** となり、**OW** の読み方も「オゥ」から母音ペア②の「アゥ」に変わります。ちなみに「アゥ」と読むつづり字に **OU** がありますが、こちらは「アゥ」と読む単語が大半を占めますので、皆さんの頭を悩ませることはないと思います。**Good news!**

■ 下降二重母音は、最初の母音のほうを強く発音するべし!

　母音ペア①の **AI**（エィ）のように、異なる2つの母音で1つの音節を成すものを二重母音と言います。なお二重母音のうち、最初の母音のほうを強く読むものを下降二重母音と言います。母音ペア②では、**OI** と **OY**、**OU** と **OW**、そして **EI** が下降二重母音です。ちなみに、それぞれの文字の音をカタカナで表すと **OI** は「オィ」、**OU** は「アゥ」、そして **EI** は「エィ」となり、文字の前後で音が異なっています。発音する際は1つ目の母音のほうを強く言いましょう。念のため、本文に入る前に下降二重母音の要点をまとめておきます。

| 下降二重母音の発音の仕方 | ❶ 1つ目の母音を強く
❷ 2つ目の母音を弱めに発音 |

OI
オィ
曲線を描くように音が下降

　例えば **OI** は <u>coin</u> に現れる音ですが、「オ」を強く発音し、「ィ」にシフトする時に曲線を描くように音を下降させるときれいな音が作れます。

Vowel Pairs 2

Rule 68

CD Track 68

OI & OY
[ɔi]

発音は…呼びかけの「オィ」で!

OI・OI・OI
OY・OY・OY

oil　**toy**
油　　おもちゃ

発音のヒント

OI　→　オィ　←　OY　　新しい音になる!

曲線を描くように音が下降

■ 発音の仕方

① OI と OY は下降二重母音です。
② ひらがなの「お」よりも口をすぼめて、はっきり「オ」と言います。
③「オ」の後に「ィ」を軽く添えましょう。

◇ 実践！フォニックスのシャドーイング・ドリル

母音ペア❷

Shadowing Drill
穴あき部分をうめて、シャドーイングにチャレンジ！

▶ OI & OY

1. OI OI　ch☐☐ce
2. OI OI　c☐☐n
3. OI OI　j☐☐n
4. OI OI　v☐☐ce
5. OY OY　b☐☐
6. OY OY　empl☐☐
7. OY OY　j☐☐
8. OY OY　l☐☐al

①choice（選択）、②coin（硬貨）、③join（加わる）、④voice（声）、⑤boy（少年）、⑥employ（雇用する）、⑦joy（歓喜）、⑧loyal（忠誠な）

■ コメント

OIとOYは、見た目で音のイメージをつかめると思いますが、呼びかけの言葉「オィ!」を連想すると忘れませんよ。なお、語尾のOY、有声子音（Nなど）の前のOIは「オー」と音が伸びる傾向にありますので、b<u>oy</u>（少年）は「ボオーィ」、p<u>oi</u>nt（点）は「ポオーィント」のように響きます。

Vowel Pairs 2

Rule 69

CD Track 69

OU & OW
[au]

「王」と「会う」で忘れない!

OU・OU・OU
OW・OW・OW

clou**d** 雲   **ow**l フクロウ

発音の
ヒント

OU　　ア　ウ　　OW　　新しい音になる!

曲線を描くように音が下降

■ 発音の仕方

① OU と OW は下降二重母音です。
② 口を大きく開け、はっきり「ア」と言います。
③ 「ア」の後に「ゥ」を軽く添えましょう。

実践！フォニックスのシャドーイング・ドリル

母音ペア2

Shadowing Drill
穴あき部分をうめて、
シャドーイングにチャレンジ!

▶ OU & OW

1. OU OU　□□t
2. OU OU　h□□se
3. OU OU　pr□□d
4. OU OU　sh□□t
5. OW OW　d□□n
6. OW OW　p□□der
7. OW OW　t□□n
8. OW OW　b□□

母音ペア1のOWは…

王!

母音ペア2のOWは…

会う!

Rule 67のbowは「弓」だよ!

①out(外へ)、②house(家)、③proud(誇りに思う)、④shout(叫ぶ)、⑤down(下へ)、⑥powder(粉)、⑦town(町)、⑧bow(お辞儀する)

■ コメント

OWには母音ペア1の「オゥ」と母音ペア2の「アゥ」があります。なお、発音の紛らわしい単語にbowがあります。「弓」のbowは母音ペア1の音で「ボオゥ」、「お辞儀する」のbowは母音ペア2の音で「バアゥ」と発音します。ちなみに、母音ペア1のOWは「王」、母音ペア2のOWは「会う」とイメージすれば忘れませんよ!

Vowel Pairs 2

Rule 70

CD Track 70

EW

[uː] [juː]

EW は U のアルファベット読み!

EW・EW・EW

drew
draw（描く）の過去形

knew
know（知っている）の過去形

few
少しの

発音の
ヒント

新しい音になる
↓
EW

■ 発音の仕方

① EW は U のアルファベット読みです。
② なお、U のアルファベット読みには2つの音があると習いましたね。
③ 1つは、ひょっとこのように唇を丸めて、前に突き出し「ウー」と音を伸ばします。
④ もう1つは、同じ口の構えで「ユー」と言います。
⑤ EW を「ウー」と読むのは、CH, J, L, R, S の後ろに EW が続く時です。
※ただし、近年の米国では d**ew**（しずく）や n**ew**（新しい）など T, D, N の後の U を「ウー」と読むスピーカーもいます。

母音ペア❷

> ワンポイント
> EW は「U のアルファベット読み」だよ!

Shadowing Drill
穴あき部分をうめて、シャドーイングにチャレンジ！

▶ EW

1. EW EW　bl□□
2. EW EW　ch□□
3. EW EW　fl□□
4. EW EW　gr□□
5. EW EW　thr□□
6. EW EW　d□□
7. EW EW　n□□spaper
8. EW EW　st□□

①blew（blow［風が吹く］の過去形）、②chew（噛む）、③flew（fly［飛ぶ］の過去形）、④grew（grow［育つ］の過去形）、⑤threw（throw［投げる］の過去形）、⑥dew（しずく）、⑦newspaper（新聞）、⑧stew（シチュー）

■ コメント

ちなみに ewe は知っていますか？　あまり見慣れない単語だと思いますが「雌羊」という意味です。実はこの単語は2つのフォニックス・ルールで構成されています。1つは①EWはUのアルファベット読みをする、もう1つは②語尾のEは読まないというものです。ですので、ewe の発音はUのアルファベット読みとまったく同じ「ユー」なのです。

185

Vowel Pairs 2

Rule 71

CD Track 71

EI
[ei]

英語の「英」で覚えてください!

EI・EI・EI

b**ei**ge　　sl**ei**gh
ベージュ　　そり

発音の
ヒント

新しい音になる
↓
EI

エ　イ

曲線を描くように音が下降

■ 発音の仕方

① EI は A のアルファベット読みです。そして、下降二重母音です。
② ひらがなの「え」よりも唇を左右にピンと引き、はっきり「エ」と言います。
③「エ」の後に「ィ」を軽く添えましょう。

実践！フォニックスのシャドーイング・ドリル

母音ペア❷

Shadowing Drill
穴あき部分をうめて、シャドーイングにチャレンジ！

▶ EI

1 EI EI　w□□ght
2 EI EI　n□□ghborhood
3 EI EI　r□□n
4 EI EI　□□ght

①weight（重さ）、②neighborhood（近所）、③rein（手綱）、④eight（8）

■ コメント

EIはAのアルファベット読みですので、母音ペア①のAIおよびAYと同じ音ですが、EIを含む単語はAIやAYほど多くありません。ちなみにrain（雨）とrein（手綱）は同じ音です。このように、発音が同じで意味が異なる語を同音異義語と言います。これらをセットで覚えると半分の学習量で2倍の力がつきますよ!

Vowel Pairs 2

Rule 72

CD Track 72

短い oo

[u]

1つ目のメガネは…音が短い!

oo・oo・oo

coo**k**　料理する　　**f**oo**tball**　フットボール　　**l**oo**k**　見る

発音のヒント

新しい音になる
↓
oo

■ 発音の仕方

① 唇を少しすぼめます。
② 喉の奥から「ウ」と短く発音しましょう。

◇ 実践！フォニックスのシャドーイング・ドリル

母音ペア❷

> **ワンポイント**
> OOには2つの音があるよ!

Shadowing Drill
穴あき部分をうめて、シャドーイングにチャレンジ!

▶▶ 短いOO

1. OO OO b□□kstore
2. OO OO f□□t
3. OO OO g□□d
4. OO OO h□□k
5. OO OO t□□k
6. OO OO underst□□d
7. OO OO w□□den
8. OO OO w□□l

発音注意。短いOOなので「ウール」じゃないよ!

①bookstore(本屋)、②foot(足)、③good(良い)、
④hook(ホック)、⑤took(take[取る]の過去形)、
⑥understood(understand[理解する]の過去形)、⑦wooden(木製の)、⑧wool(羊毛)

■ コメント

OOには短い音と長い音があります。なお、短いOOを含む単語にwool（羊毛）があります。ついカタカナ読みにつられて「ウール」と発音しないよう注意しましょう。短いOOはひらがなの「う」よりも唇を突き出して発音するときれいな音が作れますよ。

Vowel Pairs 2

Rule 73

CD Track 73

長い oo

[uː]

2つ目のメガネは…音が伸びます！

oo・oo・oo

p**oo**l　t**oo**th　bamb**oo**
プール　歯　　　竹

発音のヒント

新しい音になる
↓
oo

■ 発音の仕方

① oo は u のアルファベット読みのうち、「ウー」と発音するほうの音です。
② ひょっとこの口を作ります。
③ その口の構えで「ウー」と音を伸ばしましょう。

◇ 実践！フォニックスのシャドーイング・ドリル

母音ペア❷

Shadowing Drill
穴あき部分をうめて、シャドーイングにチャレンジ！

▶▶ 長い oo

① oo oo　aftern□□n
② oo oo　ball□□n
③ oo oo　c□□l
④ oo oo　f□□d
⑤ oo oo　l□□se
⑥ oo oo　r□□m
⑦ oo oo　s□□n
⑧ oo oo　t□□

①afternoon（午後）、②balloon（風船）、③cool（涼しい）、④food（食物）、⑤loose（ゆるい）、⑥room（部屋）、⑦soon（すぐ）、⑧too（〜もまた）

■ コメント

短い oo も長い oo も唇を丸くして発音しますが、長い oo の唇はより丸まっています。慣れないうちは口の構えを意識しながら練習しましょう。なお、例外として長い oo で読む U と WO があります。例えば、truth（真実）は trOOth、や two（2）は tOO のように読みます。つまり、two と too は同音異義語ですね。

191

Vowel Pairs 2

Rule 74

CD Track 74

AU & AW
[ɔː]

英語の「ちぇっ」は…実はこの音!

AU・AU・AU
AW・AW・AW

August　dr**aw**
8月　　　　描く

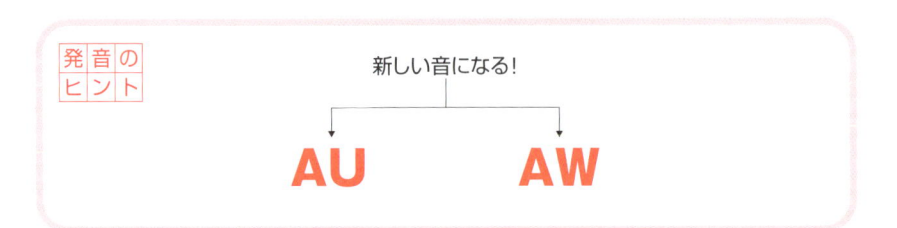

発音のヒント

新しい音になる!
↓　　　　↓
AU　　**AW**

■ 発音の仕方

① あごを下げて、口を大きく開きます。
② そのままの口の構えで「オー」と音を伸ばしましょう。
③ 若干「アー」の音色が響きます。

◇◇ 実践！フォニックスのシャドーイング・ドリル

母音ペア❷

Shadowing Drill
穴あき部分をうめて、シャドーイングにチャレンジ！

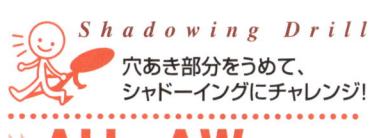

▶ AU & AW

1. AU AU　☐☐dio
2. AU AU　☐☐tomatic
3. AU AU　bec☐☐se
4. AU AU　s☐☐cer
5. AW AW　☐☐ful
6. AW AW　h☐☐k
7. AW AW　l☐☐n
8. AW AW　r☐☐

①audio（音声の）、②automatic（自動の）、③because（なぜならば）、④saucer（カップの受け皿）、⑤awful（ひどい）、⑥hawk（タカ）、⑦lawn（芝生）、⑧raw（生の）

■ コメント

不快感を表す間投詞に **Aw!** があります。**Aw!** はそのまま Rule 74 の読み方をします。日本語に訳すと「ちぇっ！　あーあ！」ですが、慣れないうちはこの音を作るのも大変ですから…英語でいらだちを表すのも一苦労と言ったところですね。

Chapter 7

Rのついた母音
R-Controlled Vowels

AR / OR & ORE / ER & IR & UR
AIR & ARE / EAR & EER / IRE
OUR & OWER

R-Controlled Vowels

◆◇ 実践！フォニックスのシャドーイング・ドリル

■ Rのついた母音は、母音とRのブレンド音である！

　Chaper 1 で、R は舌をそらせて作る子音とお話ししましたが、この章では「Rのついた母音」と題し、Rの音色を備えた母音を学びます。さて、ずばりRのついた母音は何かと申し上げると、それは「母音とR」のブレンド音です。母音とRが合体し、それぞれの音の特徴を残しながら、新しい音を作るのです。

$$\boxed{\text{母音 + R = Rのついた母音}}$$

　では、cat（ネコ）を例にとりましょう。フォニックスのルールにある、「単語の真ん中に母音字が1つある時、その文字はフォニックス読みになる」という法則はすでにお話ししました。このルールに則ると、cat には母音字が1つしかないので、この A はフォニックス読みをします。では、cat の A に R をつけるとどうなるでしょう。

cat —— AにRを足す ⟶ **cart**

（フォニックス読み）　　　　　　　　　　（Rのついた母音）

　そうです、意味が「ネコ」から「荷台・カート」に変わります。しかしながら、ここで変化を遂げたのは意味だけはありません。A の音も「A のフォニックス読み」から「R のついた母音」に変化しています。さて、この時の A に何が起こっているかというと、R の介入により、母音と R にブレンド化が起こっているのです。

Rのついた母音

■ Rの介入は母音をくぐもった響きに変える!

本書ではRのついた母音をカタカナで表す時、「ア R」のように語尾にRを添えています。このRは「ア」と言った後、Rのニュアンスを残して（すなわち、舌を巻き上げて）発音するという意味です。なお、語尾のRは「アー」に似た響きを持っているので、「ア R」は「アアー」と書けないこともないのですが、これでは一体どこで舌をそり上げればよいのか分かりません。そこでRの位置をより分かりやすくするために、語尾にRを書き添えました。

なお、Rのついた母音の特徴として、Rの音色が語尾に向かって響くので、全体的にややくぐもった響きを持っています。そして何より、このくぐもり感こそがRつき母音の個性なのです。

cart
「ア R」

AからRにシフトする時、舌をそり上げる。
Rの影響でくぐもった響きになる!

■「母音＋R＋E」の時、語末のEは発音しない!

OREのようにEで終わる母音もありますが、原則としてRはARやORのようにつづりの最後に現れます。また、英語のつづり字ではほとんどのケースで語尾のEは読みませんので、OREとORは同じ音になります。ですのでOREを見た時につい誤って…「オレ」と読まないように注意しましょう! また、例えばborn（生まれる）のようにORに強いアクセントがある場合、Rの音色はとてもよく響きますが、harbor（港）など弱いアクセントのORはRはそれほど響かず、「ァ」と「ゥ」の間ぐらいのはっきりしない音色になります。

R-Controlled Vowels

Rule 75

CD Track 75

実践！フォニックスのシャドーイング・ドリル

AR

[ɑːr]

「アー」の後にRが響きます！

AR・AR・AR

ma**rk** **guit**a**r** **f**a**r**
記号　　　　ギター　　　　遠い

■ 発音の仕方

① 口を大きく開けます。
② あごは動かさず、「ア」と言いながら、舌先を口の中の天井へ向けて巻き上げましょう。
③ すると、くぐもった「ァ」が語尾に響きます。ここがRの部分です。
④ ARは「ア R」です。

Rのついた母音

Shadowing Drill
穴あき部分をうめて、シャドーイングにチャレンジ！

▶ AR

1. AR AR ☐☐ticle
2. AR AR ☐☐t
3. AR AR b☐☐k
4. AR AR c☐☐t
5. AR AR l☐☐ge
6. AR AR m☐☐ch
7. AR AR sh☐☐p
8. AR AR st☐☐t

弱い AR

弱いアクセントの AR は「ァ」と「ゥ」の間の音

▼は第一アクセント
（一番強く発音する箇所）

c▼alendar
カレンダー

p▼opular
人気のある

s▼imilar
似通った

st▼andard
標準

①article（記事）、②art（芸術）、③bark（吠える）、④cart（荷台）、⑤large（大きい）、⑥march（行進する）、⑦sharp（鋭い）、⑧start（始まる）

■ コメント

AR のように単語が「母音＋R」で終わる時、その母音と R はワンセットの音、すなわち R つきの母音となって規則的に発音されます。なお、語尾に R の音が響きますが、くぐもった「ァ」に聞こえるので、これまでに習った他の母音とは音の持つ雰囲気が異なります。

R-Controlled Vowels

Rule 76

CD Track 76

OR & ORE
[ɔːr]

ORE って「俺」のことじゃないよ!

OR・OR・OR
ORE・ORE・ORE

n**or**th　st**ore**
北　　　　店

実践！フォニックスのシャドーイング・ドリル

■ 発音の仕方

① ひらがなの「お」よりも口をすぼめます。
② その口の構えで「オ」と言いながら、舌先を口の中の天井へ向けて巻き上げます。
③ すると、くぐもった「ァ」が語尾に響きます。ここが R の部分です。
④ OR と ORE は「オ R」です。

Rのついた母音

Shadowing Drill
穴あき部分をうめて、シャドーイングにチャレンジ！

▶ OR & ORE

1. OR OR　　□□der
2. OR OR　　b□□n
3. OR OR　　f□□m
4. OR OR　　m□□ning
5. ORE ORE　b□□□d
6. ORE ORE　c□□□
7. ORE ORE　m□□□
8. ORE ORE　ign□□□

弱い OR

弱いアクセントの OR は「ァ」と「ゥ」の間の音

▼は第一アクセント
（一番強く発音する箇所）

harb▼or 港

lab▼or 労働

direct▼or 重役

vig▼or 活力

①order（注文）、②born（生まれる）、③form（形）、④morning（朝）、⑤bored（退屈した）、⑥core（核心）、⑦more（もっと）、⑧ignore（無視する）

■ コメント

フォニックスのルールに語末のEは読まないというのがあるので、OREのEは読みません。ですからOREは…「オレ」ではありませんよ！　ORはOREのEをとったものと考えれば、なぜORとOREのつづり字が同じ音なのか合点がいきますね。

R-Controlled Vowels

Rule 77

CD Track 77

ER & IR & UR
[əːr]

私たち…3つ子です!

ER・ER・ER
IR・IR・IR
UR・UR・UR

per**son**　**f**ir**st**　**Th**ur**sday**
　人　　　　一番　　　　木曜日

◆◇ 実践！フォニックスのシャドーイング・ドリル

■ 発音の仕方

① あご、舌、口をリラックスさせた状態で、自然に口を構えます。（あまり大きく口は開けません）
② 舌先を口の中の天井へ少し巻き上げ「ア」と言うと、「ア」と「ウ」の間ぐらいのくぐもった音になります。
③ ER、IR、URは「ア R」です。

Rのついた母音

Shadowing Drill
穴あき部分をうめて、シャドーイングにチャレンジ！

ER & IR & UR

1. ER ER　anniv□□sary
2. ER ER　p□□fect
3. ER ER　res□□ve
4. IR IR　　b□□thday
5. IR IR　　th□□sty
6. IR IR　　v□□tue
7. UR UR　□□ban
8. UR UR　ch□□ch
9. UR UR　ret□□n

弱い ER

弱いアクセントの ER は「ァ」と「ゥ」の間の音

▼は第一アクセント（一番強く発音する箇所）

▼
l**e**tt**er**
手紙

▼
m**o**th**er**
母

▼
n**e**v**er**
決して〜ない

▼
wr**i**t**er**
作家

---

① anniv**er**sary（記念日）、② p**er**fect（完全な）、③ res**er**ve（予約する）、④ b**ir**thday（誕生日）、⑤ th**ir**sty（喉の渇いた）、⑥ v**ir**tue（美徳）、⑦ **ur**ban（都会の）、⑧ ch**ur**ch（教会）、⑨ ret**ur**n（戻る）

■ コメント

Rule 75 の **AR** とここで習った **ER & IR & UR** は、カタカナで表すとどちらも「ァ R」ですが、前者は大きく口を開けるのに対し、後者は自然な構えのまま、口をあまり開けずに発音します。極端に言うと、口をほぼ閉じた状態で作ることもできるのです。また、w**or**k（働く）や w**or**ld（世界）のように W の後の **OR** も Rule 77 の音です。

R-Controlled Vowels

Rule 78

CD Track 78

AIR & ARE

[εər]

AREって「あれ」のことじゃないよ!

AIR・AIR・AIR
ARE・ARE・ARE

air 空気　　**share** 分け合う

■ 発音の仕方

① 唇を横にピンと引きます。
② その口の構えで「エァ」と言いながら、舌先を口の中の天井へ向けて巻き上げましょう。
③ すると、くぐもった「ァ」が語尾に響きます。ここが R の部分です。
④ AIR と ARE は「エァ R」です。

実践! フォニックスのシャドーイング・ドリル

R のついた母音

Shadowing Drill
穴あき部分をうめて、
シャドーイングにチャレンジ！

▶ AIR & ARE

1. AIR AIR　☐☐☐port
2. AIR AIR　ch☐☐☐
3. AIR AIR　h☐☐☐
4. AIR AIR　rep☐☐☐
5. ARE ARE　aw☐☐☐
6. ARE ARE　comp☐☐☐
7. ARE ARE　prep☐☐☐
8. ARE ARE　r☐☐☐

①airport（空港）、②chair（椅子）、③hair（髪の毛）、④repair（修理する）、⑤aware（気づいている）、⑥compare（比較する）、⑦prepare（準備する）、⑧rare（まれな）

■ コメント

Rule 76 の ORE と同様に、ARE の E も発音しません。E を読むと「アレ」になってしまいますね。ここにも語尾の E を読まないフォニックスのルールが働いています。また、数は多くありませんが、there（そこ）や where（どこ）の ERE も「ェァ R」と読みます。なお、be 動詞の are（〜である）は「ア R」と読む例外のつづり字です。

R-Controlled Vowels

Rule 79

EAR & EER
[iər]

わたくし、見ての通り…耳です!

EAR・EAR・EAR
EER・EER・EER

h**ear** 聞く   ch**eer** 励ます

■ 発音の仕方

① 口端を横にピンと引き「イ」と言います。
② すかさず「ァ」を添え、舌先を口の中の天井へ向けて巻き上げましょう。
③ すると、くぐもった「ァ」が語尾に響きます。ここが R の部分です。
④ EAR と EER は「ィァ R」です。

実践！フォニックスのシャドーイング・ドリル

Rのついた母音

Shadowing Drill
穴あき部分をうめて、シャドーイングにチャレンジ!

▶ EAR & EER

1. EAR EAR app□□□
2. EAR EAR cl□□□
3. EAR EAR g□□□
4. EAR EAR n□□□
5. EER EER ch□□□ful
6. EER EER car□□□
7. EER EER engin□□□
8. EER EER pion□□□

①appear(現れる)、②clear(明らかな)、③gear(装置)、④near(〜のそばに)、⑤cheerful(元気な)、⑥career(キャリア)、⑦engineer(エンジニア)、⑧pioneer(先駆者)

■ コメント

EARは ear（耳）の読み方ですね。なお、「イァR」と発音するEREとIERもあります。ですので、here（ここ）とcashier（レジ係）の下線部はRule 79と同じ音です。ただし、wear（着る）やpear（洋ナシ）のEARは例外で、こちらはRule 78の「エァR」です。

207

R-Controlled Vowels

Rule 80

IRE

[aiər]

拙者、「イレ」ではございません!

IRE・IRE・IRE

fire **insp**ire **w**ire
火   感激させる   針金

■ 発音の仕方

① I の部分は I のアルファベット読みをします。
② 口を大きく開いた構えから「アィ」と言います。
③ すかさず「ァ」を渡らせ、舌先を口の中の天井へ向けて巻き上げましょう。
④ すると、くぐもった「ァ」が語尾に響きます。ここが R の部分です。
⑤ IRE は「アィァ R」です。

実践！フォニックスのシャドーイング・ドリル

Rのついた母音

Shadowing Drill
穴あき部分をうめて、シャドーイングにチャレンジ！

▶ IRE

1. IRE IRE　t□□□d
2. IRE IRE　f□□□fly
3. IRE IRE　adm□□□
4. IRE IRE　des□□□
5. IRE IRE　h□□□
6. IRE IRE　requ□□□
7. IRE IRE　ret□□□
8. IRE IRE　ump□□□

①tired（疲れた）、②firefly（ホタル）、③admire（賞賛する）、④desire（望む）、⑤hire（雇う）、⑥require（要求する）、⑦retire（退職する）、⑧umpire（野球などの審判員）

■ コメント

IREを発音する時のポイントは2つあります。1つは「アィR」の「ィ」に若干「ェ」の響きを持たせること、そしてもう1つは「ィ」と「R」の間に小さな「ァ」を渡らせることです。なお、OREやAREと同様にIREのEも読みません。読まないEはChapter 8に登場する「サイレントE」にも関連しますので、よく覚えておきましょう。

R-Controlled Vowels

Rule 81

OUR & OWER
[auər]

「会うわ」で覚えるとよし!

OUR・OUR・OUR
OWER・OWER・OWER

our 私たちの　　**power** 力

■ 発音の仕方

① 大きく口を開けた構えから「アゥ」と言います。
② すかさず「ァ」を渡らせ、舌先を口の中の天井へ向けて巻き上げましょう。
③ すると、くぐもった「ァ」が語尾に響きます。ここが R の部分です。
④ OUR と OWER は「アゥァ R」です。

Rのついた母音

Shadowing Drill
穴あき部分をうめて、シャドーイングにチャレンジ！

▶ OUR & OWER

1. OUR OUR　　fl□□□
2. OUR OUR　　h□□□
3. OUR OUR　　s□□□
4. OWER OWER　fl□□□□
5. OWER OWER　sh□□□□
6. OWER OWER　t□□□□

flourとflowerは同音異義語!

①flour（小麦粉）、②hour（時間）、③sour（すっぱい）、④flower（花）、⑤shower（シャワー）、⑥tower（塔）

■ コメント

母音ペア②でOUは「アゥ」のように発音すると習いましたが、OURとOWERは、このOUにRの音色を加えた母音と考えてよいでしょう。ちなみに、hourのhは例外の読まないHですので、hour（時間）とour（私たちの）は同音異義語ですね。

Chapter 8

サイレントE
Silent E

A_E / I_E / O_E / U_E / E_E

Silent E

■ サイレントEは、フォニックス授業の「つかみ」に最適である!

　私がフォニックスの授業を行う時、必ずと言っていいほど、初回のレッスンにサイレントEを取り上げています。このルールを聞いた生徒さんは、こんな法則があったのか!と大いに驚き、感動し、その後の授業もスムーズに展開します。実際、教える側の教師にとっても習う側の生徒さんにとっても、サイレントEは大変にありがたく貴重なルールの1つなのです。また、サイレントEは多くの日常英単語の中に見受けられる基本ルールですので、この法則を知ることで相当数の単語が読めるようになります。ルールの頻出度の高いことと、またそのルールの面白さから、サイレントEはフォニックス授業の「つかみ」に大変適していると言えるでしょう。

■ 語尾が「母音＋子音＋E」の時、Eは読まずに母音をアルファベット読みするべし!

　さて、サイレントEはどういうルールかと言うと、「母音＋子音＋E」で単語が終わる時、語尾のEは発音せず(ここがサイレントEに由来します)、子音の前にある母音をアルファベット読みするというものです。例えば、lake(湖)という単語ですが、皆さんは「なぜlakeは"ラケ"と読まないのか?」と疑問に思ったことはありませんか。

　lakeはサイレントEに則った単語なので、語尾のEは発音せず、Aをアルファベット読み(エィ)します。つまり、L エィ K =「レェィク」となる訳です。このようにサイレントEの存在は、単語の読み方に大きな強制力を与えます。なお、もし仮にこれがEのないlakという単語だったなら、ほぼ100パーセントの確率でネイティブスピーカーはlakのAをフォニックス読みの「ア」と発音するでしょう。なぜなら、単語の真ん中に母音字が1つある時、その文字はフォニックス読みするというルールがあるからです。つまり、サイレントEの強制力があるからこそcakeは「カケ」ではなく「ケィク」であり、fineは「フィネ」ではなく「ファイン」なのです。なお、サイレントEのルールは1音節の単語に限って適用されるものではありません。introduce(紹介する)やundertake(請け負う)など、2音節以上の単語にも当てはまります。

サイレント E

■複数のフォニックス・ルールの組み合わせから、単語の仕組みの理解を高めるべし!

　サイレント E のルールは「母音+子音+E」の形をとりますが、ここに当てはまる子音は1文字に限ったことではありません。例えば、「味」という意味の **taste** がそうです。

t a **st** e

子音ブレンドの「ST」　Rule 37

　taste の語尾は「A + ST + E」ですから、サイレント E のルールに則り①語尾の E は読まず、②A をアルファベット読みし、③ST を1音として発音します。さて、ここで注目していただきたいのは③の ST を1音として発音するという部分です。このように E の直前の子音は1文字に限らずブレンド子音がくることもありますので、多角的な目線から単語の構造を検討してみてください。ついついサイレント E ばかりに気をとられて、こちらのルールを見逃してしまったとすれば、何とももったいない限りです。このように「子音ブレンドとサイレント E」など、英単語には複数のフォニックス・ルールが共存しています。実にフォニックス・ルールはパズルのピースであり、1つひとつがつながり全体として1つの単語を構成しているのです。

■例外からフォニックスの規則性を見抜くべし!

　サイレント E においても、例外の読み方はいくつかあります。例えば **love** という単語は「ラヴ」と読みますが、本来、この単語はサイレント E に則ると O をアルファベット読みしますので「ロゥヴ」と発音されるはずです。しかしながら、これがおかしな発音であることは皆さんもすでにお気づきのはず。なお、**come** や **done** も同様の発音をします。ただし、Rule 28 で述べた通り O には準規則として「U と読む O」がありますから、**love**、**come**、**done** も実は完全なる例外とは言えないのです。このように、英単語にフォニックスのルールを当てはめて読んだ時、明らかに「その音」が変であると分かればしめたもの。つまりは「例外を通してフォニックスの規則性を逆説的に知る」ことができるのです。最初のうちは1音節の簡単な単語にフォニックスのルールを当てはめ、それが規則的なものか、またはそうではないものか、つづりと音の規則性を色々と調べてみるとよいと思います。今は音声つきの電子辞書も普及しているので、音声の確認はさほど大変ではないはずです。そうやってフォニックスの発音一覧表を作ってみるのもよいでしょう。これだ! と思う皆さんなりの学習方法で音とつづりの法則を探求し、フォニックスの持つ無限の可能性にチャレンジしてください。

Silent E

Rule 82

A_E

[ei]

読むのは A だけ、E はナシ!

A_E・A_E・A_E

cave **make** **taste**
ほら穴 作る 味

発音のヒント

A 子音 **E**

Aのアルファベット読み ── 語末のEは読まない

■ 発音の仕方

① 子音の前の **A** をアルファベット読みし、語末の **E** は発音しません。
② 日本語の「え」よりも唇を左右にピンと引き、はっきり「エ」と言います。
③「エ」の後に「ィ」を軽く添えましょう。

実践！フォニックスのシャドーイング・ドリル

サイレント E

Shadowing Drill
穴あき部分をうめて、
シャドーイングにチャレンジ！

▶ A_E

1. A_E A_E　aw□k□
2. A_E A_E　b□k□
3. A_E A_E　f□c□
4. A_E A_E　g□m□
5. A_E A_E　l□k□
6. A_E A_E　s□m□
7. A_E A_E　sh□k□
8. A_E A_E　w□st□

①awake（目が覚めて）、②bake（オーブンで焼く）、③face（顔）、④game（ゲーム）、⑤lake（湖）、⑥same（同じ）、⑦shake（振る）、⑧waste（無駄になる）

■ コメント

simile（直喩）のように、まれにギリシャ語源の単語で語尾のEを読むものがありますが、原則、現代英語においては語末のEを読む単語はほとんどありません。また、Vの音で終わる単語は、たいていの場合 E を伴い -VE とつづります。

Silent E

Rule 83

CD Track 83

I_E
[ai]

読むのは I だけ、E はナシ!

I_E・I_E・I_E

nic**e** すてきな　　**ti**m**e** 時間　　**wri**t**e** 書く

発音のヒント

I 子音 E

↑ I のアルファベット読み　　↑ 語末の E は読まない

■ 発音の仕方

① 子音の前の I をアルファベット読みし、語末の E は発音しません。
② 日本語の「あ」よりもやや大きめに口を開け、はっきり「ア」と言います。
③ 「ア」の後に「ィ」を軽く添えましょう。

実践！フォニックスのシャドーイング・ドリル

サイレントE

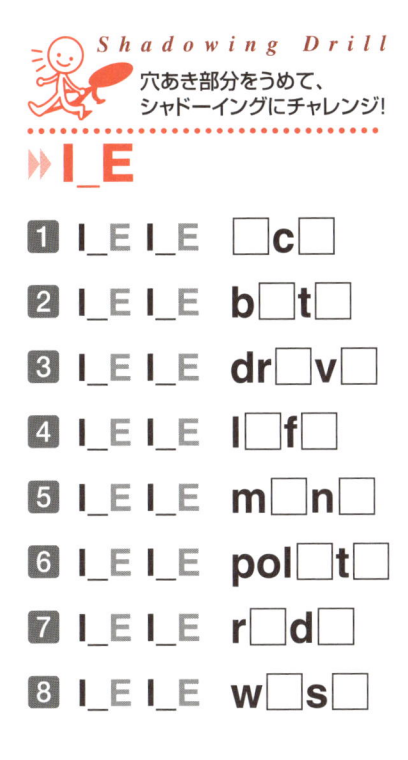

Shadowing Drill
穴あき部分をうめて、シャドーイングにチャレンジ！

I_E

1. I_E I_E □c□
2. I_E I_E b□t□
3. I_E I_E dr□v□
4. I_E I_E l□f□
5. I_E I_E m□n□
6. I_E I_E pol□t□
7. I_E I_E r□d□
8. I_E I_E w□s□

①ice（氷）、②bite（噛む）、③drive（運転する）、④life（人生）、⑤mine（私のもの）、⑥polite（丁寧な）、⑦ride（乗る）、⑧wise（賢い）

■ コメント

基本的な単語を調べてみると、たまにサイレントEに該当しないものに出くわします。例えば、give（与える）という単語。実は、giveは2つの「例外」からできています。Rule 23で習ったように「G+I」の時、Gは「軟らかいG」になるのですが、giveのGは「硬いG」のまま。加えて、語末のI_EはサイレントEに則ると「アイ」ですが、giveのIはIのフォニックス読みの「イ」。つまり、giveは本来のフォニックスのルールに則ると「ジャイヴ」のはずなのですが、このように2つの例外に伴われて「ギヴ」と発音されるのです。

219

Silent E

Rule 84

O_E
[ou]

読むのは O だけ、E はナシ!

O_E・O_E・O_E

nose 鼻 **rope** ロープ **stone** 石

発音の
ヒント

O 子音 E

O のアルファベット読み　　　　語末の E は読まない

■ 発音の仕方

① 子音の前の O をアルファベット読みし、語末の E は発音しません。
② 日本語の「お」よりも口をすぼめて、はっきり「オ」と言います。
③「オ」の後に「ゥ」を軽く添えましょう。

サイレント E

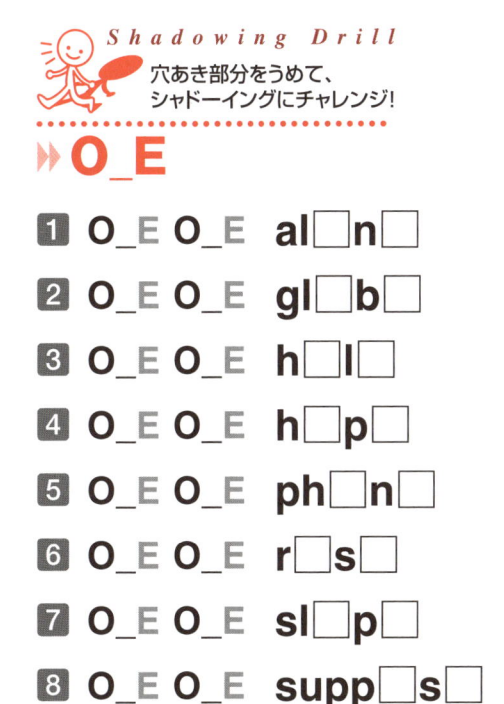

Shadowing Drill
穴あき部分をうめて、シャドーイングにチャレンジ!

▶ O_E

1. O_E O_E al□n□
2. O_E O_E gl□b□
3. O_E O_E h□l□
4. O_E O_E h□p□
5. O_E O_E ph□n□
6. O_E O_E r□s□
7. O_E O_E sl□p□
8. O_E O_E supp□s□

①alone（1人で）、②globe（地球）、③hole（穴）、④hope（望む）、⑤phone（電話）、⑥rose（バラ）、⑦slope（坂）、⑧suppose（仮定する）

■ コメント

Chapter 8の冒頭でもお話しした通り、love（愛する）とcome（来る）の読み方はサイレントEのルールに則ると、それぞれ「ロゥヴ」と「コゥム」ですが、もちろんこの読み方は間違いですね。Rule 28で習ったように、OにはUのフォニックス読みをするものがあります。loveやcomeのOもこれに該当し、「OはOのアルファベット読みをする」という本ルールではなく、「Uと読むOもある」という準ルールのほうに優先順位が与えられた形となっています。

Silent E

Rule 85

U_E

[uː] [juː]

読むのは U だけ、E はナシ!

U_E・U_E・U_E

cu**te** かわいい　　**exc**u**se** 大目に見る　　**comm**u**te** 通勤する

発音のヒント

U 子音 **E**
Uのアルファベット読み ── 語末のEは読まない

■ 発音の仕方

① 子音の前の U をアルファベット読みし、語末の E は発音しません。
② なお、U のアルファベット読みには2つの音があります。
③ 1つは、ひょっとこのように唇を丸めて、前に突き出し「ウー」と音を伸ばします。
④ もう1つは、同じ口の構えで「ユー」と言います。

サイレント E

> ワンポイント
> CH, J, L, R, S に U が続く時、その U は「ウー」になるよ!

Shadowing Drill
穴あき部分をうめて、シャドーイングにチャレンジ!

▶ U_E

1. U_E U_E　excl□d□
2. U_E U_E　r□l□
3. U_E U_E　□s□
4. U_E U_E　h□g□
5. U_E U_E　introd□c□
6. U_E U_E　prod□c□
7. U_E U_E　ref□s□
8. U_E U_E　t□b□

①exclude（除外する）、②rule（法則）、③use（使う）、④huge（巨大な）、⑤introduce（紹介する）、⑥produce（生産する）、⑦refuse（断る）、⑧tube（管）

■ コメント

exclude（除外する）には次のルールが当てはまります。1つは語尾がU_Eの時、「Uをアルファベット読みする」というもの、もう1つは「Lの後ろのUをアルファベット読みする時、そのUは「ウー」になる」というものです。ですので exclude は「イクスクラッデ」でも「イクスクリュード」でもなく「イクスクルード」なのです。

Silent E

Rule 86

CD Track 86

E_E
[iː]

読むのは前の E だけ、後ろの E はナシ!

E_E・E_E・E_E

Japan*ese*　　***eve***
日本人　　　祝祭日の前夜

発音のヒント

E 子音 **E**

E のアルファベット読み　　　語末の E は読まない

■ 発音の仕方

① 子音の前の **E** をアルファベット読みし、語末の **E** は発音しません。
② 唇を左右に強く引き「イー」と言いましょう。

実践！フォニックスのシャドーイング・ドリル

サイレント E

Shadowing Drill
穴あき部分をうめて、
シャドーイングにチャレンジ！

E_E

1. E_E E_E Chin□s□
2. E_E E_E compl□t□
3. E_E E_E sc□n□
4. E_E E_E th□m□

①Chinese（中国人）、②complete（完全な）、③scene（場面）、④theme（テーマ）

■ コメント

E_Eは他の4つのサイレントEに比べて単語数がそれほど多くありませんが、いざと言う時に正しく読めるよう、しっかりとドリル練習をしておきましょう。さて、これでサイレントEのルールがすべて出そろいました。Eの意外な働きに驚かれた方も多いのではないでしょうか。英語のつづりもローマ同様、1日にして成らず。長い歴史の中で、独自の変遷を遂げてきたのです。

Chapter 9

その他のフォニックス
Other Rules

LY & LLY / AL & ALL / S & SI

さて、フォニックスのルールも残りわずかとなりました。ここからは「その他のフォニックス」と題して3つのフォニックス・ルールをご紹介します。なお、タイトルに「その他」と掲げておりますが、決してこれらはマイナーな規則ではなく、むしろ日常会話の中で頻繁に使われるものばかりです。特に Rule 87 の LY や LLY のフォニックスは、形容詞を副詞に変える時に必要とされる接尾語でもありますから、しっかりと覚えて日々の学習や実際の英会話に活かしましょう。

Other Rules

Rule 87

CD Track 87

LY & LLY
[li]

Yには母音読みもあるのです！

LY・LY・LY
LLY・LLY・LLY

early
早く

finally
ついに

発音のヒント

L　Y

1字子音のL（明るいL）　　弱い「イ」

■ 発音の仕方

① 上前歯の裏と歯茎の境目あたりに舌先を軽くあてます。
② 舌先を離しながら「リィ」と声を出しましょう。
③ なお、②の時、「リ」にアクセントをおいて発音します。

実践！フォニックスのシャドーイング・ドリル

その他のフォニックス

Shadowing Drill
穴あき部分をうめて、シャドーイングにチャレンジ！

▶▶ LY & LLY

1. LY LY　　dai☐☐
2. LY LY　　exact☐☐
3. LY LY　　friend☐☐
4. LY LY　　late☐☐
5. LLY LLY　actua☐☐☐
6. LLY LLY　carefu☐☐☐
7. LLY LLY　genera☐☐☐
8. LLY LLY　rea☐☐☐

①daily（毎日の）、②exactly（正確な）、③friendly（親しみやすい）、④lately（近頃）、⑤actually（実は）、⑥carefully（注意深く）、⑦generally（一般的に）、⑧really（本当に）

■ コメント

Yには子音のYと母音のYがあります。子音のYはRule 21に出てきた「ィヤ」です。なお、母音のYには2つ音があり、1つはRule 87の「弱いiのフォニックス読み」、そしてもう1つはRule 64の「iのアルファベット読みをするY」です。前者にはfamily（家族）、後者にはfly（飛ぶ）があります。

Other Rules

Rule 88

CD Track 88

AL & ALL
[ɔːl]

オーと伸ばして…暗い L でしめる!

AL・AL・AL
ALL・ALL・ALL

also
〜もまた

c**all**
呼ぶ

■ 発音の仕方

① あごを下げて、口を大きく開きます。
② その口の構えで「オー」と伸ばし、唇をすぼめながら「ゥ」を添えましょう。

実践！フォニックスのシャドーイング・ドリル

その他のフォニックス

Shadowing Drill
穴あき部分をうめて、シャドーイングにチャレンジ！

▶ AL & ALL

1. AL AL　□□most
2. AL AL　□□ready
3. AL AL　□□ways
4. ALL ALL　□□□
5. ALL ALL　b□□□
6. ALL ALL　rec□□□
7. ALL ALL　t□□□
8. ALL ALL　w□□□

音を伸ばす A

「アー」と音を伸ばす A
（日本語の「あー」よりも口を大きく開けて発音）

fa**ther**
父

gara**ge**
車庫

cal**m**
（天候が）穏やかな ※このLは読まない

pal**m**
手のひら ※このLは読まない

①almost（ほとんど）、②already（すでに）、③always（いつも）、④all（すべて）、⑤ball（ボール）、⑥recall（思い起こす）、⑦tall（背の高い）、⑧wall（壁）

■ コメント

ALとALLのAはRule 74で習ったAUとAWの音、そしてLはRule 14の暗いLです。身近な単語にsalt（塩）やtall（背の高い）などがあります。また、talk（話す）やwalk（歩く）のようにLを読まないALもあります。

Other Rules

Rule 89

CD Track 89

S & SI
[ʒ]

SH の相棒…ここに現る!

S・S・S
SI・SI・SI

us**ual**   televi**si**on
いつもの   テレビ番組

◆◇ 実践！フォニックスのシャドーイング・ドリル

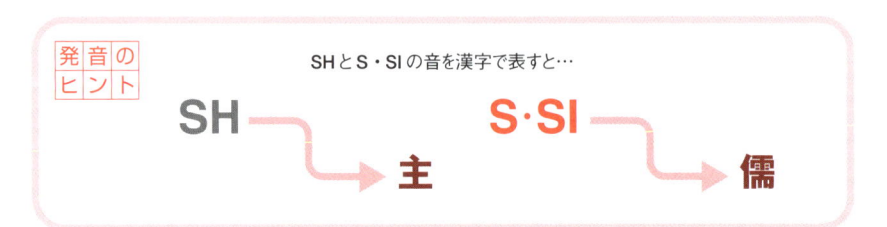

**発音の
ヒント**

SH と S・SI の音を漢字で表すと…

SH → 主   S・SI → 儒

■ 発音の仕方

① Rule 30 の SH と同じ口の構えです。
② 唇をすぼめます。
③ 上前歯の裏と歯茎の境目に舌先を近づけ、「ヂュ」と声を出しましょう。
④ SH と同じく、舌先は歯の裏や歯茎につきません。

その他のフォニックス

> **ワンポイント**
>
> SHと読むSIもあるよ。
> vision（未来像）のように
> 「母音＋SI」は「ヂュ」だけど、
> mansion（豪邸）のように
> 「N or L＋SI」は「シュ」だよ!

Shadowing Drill

穴あき部分をうめて、シャドーイングにチャレンジ！

▶ S & SI

1. S S　mea□ure
2. S S　plea□ure
3. S S　trea□ure
4. SI SI　confu□□on
5. SI SI　occa□□on
6. SI SI　vi□□on

①measure（寸法）、②pleasure（楽しみ）、③treasure（宝物）、④confusion（混乱）、
⑤occasion（出来事）、⑥vision（未来像）

■ コメント

SとSIは Rule 30 の SH の対となる音です。SHは無声音で、SとSIは有声音です。
Sには複数の音があることを学びましたね。（1）息で作る無声音のS（Rule 12）、（2）
Zと読む有声音のS（Rule 13）、そして（3）SHの対となる有声音のS（Rule 89）
です。

PART II

これで完璧！
日常単語を使ってフォニックスをものにする！

Part IIでは、知っておくと便利な日常使いの単語を用いてフォニックスの学習を行います。どの単語も日々の生活に密着したものばかりなので、発音練習のみならず、しっかり覚えて日常生活に役立てましょう。なお、Part IIに登場する単語は全部で240個。30のテーマに分かれています。毎日コツコツ覚えれば、かなりの語彙力がつきますよ！

◆◇◆ これで完璧！日常単語を使ってフォニックスをものにする！

　Part Ⅰでは89個のルールを通して、次のフォニックスの基礎を学びました。

● **1字つづりの子音**　（1字つづりの子音）
● **1字つづりの母音**　（短母音のフォニックス読み）
● **二重子音字**　（2つの子音字が連なり、新しい音を作る）
● **子音ブレンド**　（2または3つの子音字が連なり、それぞれの音の特徴を残す）
● **母音ペア①**　（連なる2つの母音字のうち、前の文字をアルファベット読みする）
● **母音ペア②**　（2つの母音字が連なり、新しい音を作る）
● **Rのついた母音**　（Rの音の影響を受ける母音）
● **サイレントE**　（母音＋子音＋Eの時、母音をアルファベット読みし、Eは読まない）
● **その他のフォニックス**　（LYとLLY、ALとALL、SとSI）

　Part Ⅰで学んだ89のルールは英語のつづりと音の仕組みを知る上で必要不可欠なものですので、あやふやな箇所は決してそのままにせず、該当のルールに戻って復習しておきましょう。さて、**Part Ⅱ**は「これで完璧！　日常単語を使ってフォニックスをものにする！」と題し、**Part Ⅰ**に引き続きシャドーイングとフォニックスを組み合わせた音読ドリルを行います。学習方法は基本的に**Part Ⅰ**と同じですが、**Part Ⅱ**ではランダムにフォニックスのルールが登場します。**Part Ⅰ**と同様、単語は穴うめ形式で出題されますので、**CD**から流れてくるフォニックスの音に耳を研ぎ澄ませ、聞こえたフォニックスの文字を空欄に書き込んでいきましょう。なお、ここでは30のテーマを次の3つのカテゴリーに分けています。

● **子音編**（10テーマ）
「果物」、「乳製品と調味料」、「部屋」、「病気やけが」、「趣味」、「銀行」、「学校の教科」、「オフィス」、「魚」、「病院」
● **母音編**（10テーマ）
「料理」、「交通」、「飲み物」、「体」、「記号と形」、「自然」、「国名」、「空港」、「洋服」、「車」
● **子音と母音の混合編**（10テーマ）
「野菜」、「キッチン」、「ペット」、「色」、「季節と天気」、「楽器」、「スポーツ」、「家族」、「野生動物」、「コンピューター」

各テーマでは「料理」や「車」、「コンピューター」など日常会話に即した単語を取り上げています。発音力の向上はもちろんのこと、語彙力アップにも役立ちますよ!

PART II これで完璧! 日常単語を使ってフォニックスをものにする!

学習の進め方

❶～❻でワンセット

❶ 本を見ないで、CDから流れてくる英語を聞こえたまま音読します。この時、単語の意味をいちいち考えていては英語についていけないので、ひたすら音を追いかけて声に出すことに集中しましょう。この段階では自分の耳に英語を慣らすことを目標としているので、うまくシャドーイングできなくても心配は無用です。❶を2、3回繰り返しましょう。

❷ 本を開きます。CDを流し、穴あき部分に聞こえたフォニックスの文字を書き込みます(単語ごとに一時停止ボタンで止めてください)。単語に引いてある下線部分は右側のコメントに対応しています。なお、複数の音を持つフォニックスもあるので、どの文字が入るのか、よく考えてから記入しましょう。

※なお、答えを本に書き込んでも構いませんが、繰り返し使うことを考えて、専用ノートを用意しておくことをお勧めします。

❸ 2ページ後の解答欄で答えを確認します。フォニックスだけでなく、単語の意味もチェックしておきましょう。

❹ 今度は本を見ながら、シャドーイングを行います。

❺ 慣れてきたら、本を見ないで繰り返しシャドーイングを行いましょう。この段階ではかなり楽に英単語が口をついて出てくるはずです。

❻ 仕上げです。本を開き、自分で単語を読み上げます。自信のない箇所はCDで音を確認してください。きちんと言えれば1セットの完了です。

Consonants

↘ 子音編

穴あき部分をうめて、フォニックスで覚えよう!

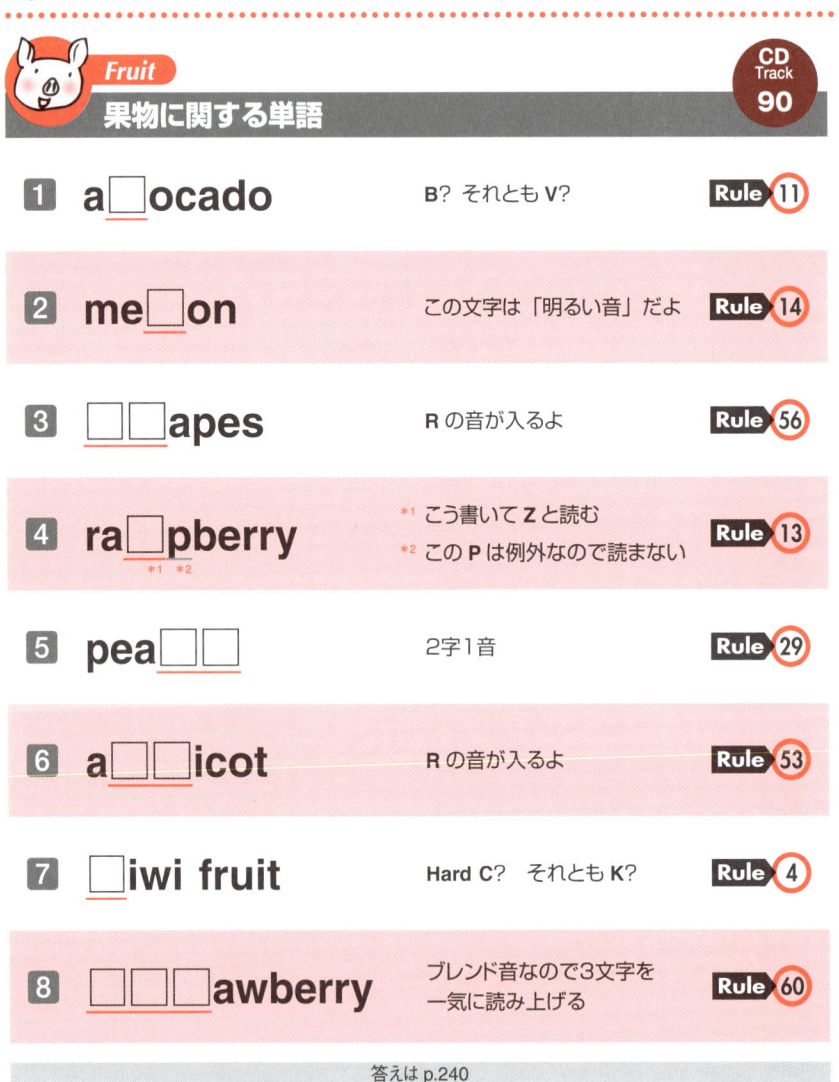

Fruit
果物に関する単語

CD Track 90

1	a□ocado	B? それとも V?	Rule 11
2	me□on	この文字は「明るい音」だよ	Rule 14
3	□□apes	R の音が入るよ	Rule 56
4	ra□pberry　*1 *2	*1 こう書いて Z と読む　*2 この P は例外なので読まない	Rule 13
5	pea□□	2字1音	Rule 29
6	a□□icot	R の音が入るよ	Rule 53
7	□iwi fruit	Hard C? それとも K?	Rule 4
8	□□□awberry	ブレンド音なので3文字を一気に読み上げる	Rule 60

答えは p.240

これで完璧! 日常単語を使ってフォニックスをものにする!

Phonics Drill

Dairy Products and Condiments
乳製品と調味料に関する単語

CD Track 90

1. mar□arine — J? それとも Soft G? — Rule 23
2. □□eese — 「チッ!」のイメージで息を飛ばす — Rule 29
3. □utter — 閉じた唇を一気に開いて声を出す — Rule 1
4. □oghurt — *1「嫌」を「ィヤ」と読むイメージで / *2 この H は例外的に発音をしない — Rule 21
5. □e□□er — 3か所ともに同じ文字が入るよ — Rule 2
6. □ustard — 鼻から声を抜かすのがコツ — Rule 8
7. □inegar — B? それとも V? — Rule 11
8. s□□t — 2つ目の□は「ゥ」に聞こえるけど、入るのは子音字だよ — Rule 88

答えは p.241

Consonants

穴あき部分をうめて、フォニックスで覚えよう！

In the Room
部屋に関する単語

CD Track 90

1	□indow	唇をひょっとこのように丸めて発音	Rule 19
2	so□a	摩擦音なので、擦れたような音がする	Rule 10
3	lam□	この文字が語尾にくる時、はっきりと聞こえない	Rule 2
4	arm□□air	2字1音	Rule 29
5	□ase	B と V のどっち？	Rule 11
6	f□□□place	読み方は…「イレ」じゃないよ	Rule 80
7	televi□□on	口の構えは SH と同じ	Rule 89
8	ru□	この文字が語尾にくる時、はっきりと聞こえない	Rule 5

答えは p.242

◆ p.238 の答え
①avocado（アボカド）、②melon（メロン ※このL「は明るいL」）、③grapes（ブドウ）、④raspberry（ラズベリー）、⑤peach（桃）、⑥apricot（アプリコット）、⑦kiwi fruit（キーウィ）、⑧strawberry（イチゴ）

これで完璧！ 日常単語を使ってフォニックスをものにする！

子音編

Phonics Drill

Sickness and Injuries
病気やけがに関する単語
CD Track 90

1. □□□ain — ここを一気に読み上げよう — Rule 58
2. too□□ache — 息？ それとも声の音？ — Rule 31
3. gra□e — 入るのは S？ それとも Z？ — Rule 13
4. sore □□□oat — 3文字だけど2音として読む — Rule 59
5. ba□□ache — 2字1音 — Rule 35
6. □ash — R？ それとも L？ — Rule 15
7. □□u — flew（fly の過去形）と同音異義語だよ — Rule 45
8. scra□□□ — この T は読む？ 読まない？ — Rule 29

答えは p.243

◆p.239 の答え
①margarine（マーガリン ※ Soft G）、②cheese（チーズ）、③butter（バター）、④yoghurt（ヨーグルト）、⑤pepper（コショウ）、⑥mustard（マスタード ※ U のフォニックス読み）、⑦vinegar（酢）、⑧salt（塩）

Consonants

穴あき部分をうめて、フォニックスで覚えよう!

Hobbies
趣味に関する単語

CD Track 91

1. garde□ing — このEは読まないので、Dと□の文字を一息に発音するよ!（p.083 音飛ばしの母音） Rule 9

2. □□otogra□□y — どちらもFの音。同じつづりが入るよ Rule 33

3. bird-watchi□□ — 鼻から声を抜かすのがコツ Rule 36

4. coo□ing — つづりは異なるけど同じ音だよ Rule 4

5. □□itting — この文字は読む？読まない？ Rule 9

6. tele□□ope — このCはHard Cの読み方をする Rule 38

7. po□□ery — 2字1音 Rule 6

8. em□□oidery — BLとBRのどっち？ Rule 54

答えは p.244

◆ p.240の答え
①window（窓）、②sofa（ソファー）、③lamp（ランプ）、④armchair（肘掛椅子）、⑤vase（花瓶）、⑥fireplace（暖炉）、⑦television（テレビ）、⑧rug（じゅうたん）

Phonics Drill

At the Bank
銀行に関する単語

CD Track 91

1. cu□□omer — ブレンド音なので一気に読み上げる — Rule 37
2. bank a□□ount — 2字1音 — Rule 3
3. □IN number — personal identification number、つまり「暗証番号」のこと — Rule 2
4. ca□□ — 機関車のシュッシュッポッポのごとく息を出す — Rule 30
5. coun□er — 舌打ちみたいな音だね — Rule 6
6. e□change rate — この文字の音はKと何？ — Rule 16
7. bank □□erk — Kと最初の□の文字は同じ音なので、1音として読む — Rule 44
8. □ank card — *1 風船が割れるインパクト *2 7 と同じく1音として読む — Rule 1

答えは p.245

◆ p.241 の答え
①sprain（ねんざ）、②toothache（歯痛 ※息のTH）、③graze（かすり傷）、④sore throat（喉の痛み ※TH+R）、
⑤backache（腰痛）、⑥rash（発疹）、⑦flu（インフルエンザ）、⑧scratch（ひっかき傷 ※このTは読まない）

Consonants

穴あき部分をうめて、フォニックスで覚えよう！

School Subjects
学校の教科に関する単語

CD Track 91

1	ma▢▢	息？ それとも声の音？	Rule 31
2	▢▢ysical education	Fと同じ発音。略してP.E.とも言うよ	Rule 33
3	geo▢▢aphy	GR？ それともGL？	Rule 56
4	phy▢ics	S？ それともZ？	Rule 13
5	chemi▢▢▢y	3文字を一気に読み上げる	Rule 60
6	▢▢ience	文字数は異なるけど…同じ音	Rule 12
7	En▢▢ish	GL？ それともGR？	Rule 49
8	▢istory	息をたくさん出す	Rule 17

答えはp.246

◆p.242の答え
①gardening（ガーデニング）、②photography（写真）、③bird-watching（バードウォッチング）、④cooking（料理）、⑤knitting（編み物 ※Kは読まない）、⑥telescope（望遠鏡）、⑦pottery（陶芸）、⑧embroidery（刺繍）

これで完璧！日常単語を使ってフォニックスをものにする！

Phonics Drill

In the Office
オフィスに関する単語
CD Track 91

1	□□ivel chair	S グループのブレンド音だよ	Rule 41
2	in-□□ay	R のブレンド音	Rule 50
3	□ole punch	息をたくさん出す	Rule 17
4	□□apler	母音を挟まず、一気に読む	Rule 37
5	□□otocopier	何のつづりと同じ音？	Rule 33
6	□a□er cli□	同じ文字が入るよ。ただし語尾の音ははっきり聞こえない	Rule 2
7	correction □□uid	FL？ それとも FR？	Rule 45
8	fa□	1字2音のこの文字は、何と何の音でできている？	Rule 16

答えは p.247

◆p.243 の答え
①customer（お客）、②bank account（銀行口座）、③PIN number（暗証番号）、④cash（現金）、
⑤counter（カウンター）、⑥exchange rate（為替レート ※ K と S)、⑦bank clerk（銀行員）、
⑧bank card（キャッシュカード）

Consonants

穴あき部分をうめて、フォニックスで覚えよう!

◆これで完璧！日常単語を使ってフォニックスをものにする！

Fish
魚に関する英語

CD Track 92

1	☐ills	Hard G の読み方をするよ	Rule 5
2	☐in	上前歯を下唇にあてて息を流す	Rule 10
3	☐☐out	S グループのブレンド音だよ	Rule 43
4	☐☐ales	Hard C の音で読む	Rule 38
5	☐☐og	FL? それとも FR?	Rule 52
6	☐unfish	Soft C? それとも S?	Rule 12
7	☐☐out	R グループのブレンド音だよ	Rule 50
8	☐☐ale	発音する時は☐をひっくり返すか…または2番目の☐は読まない	Rule 34

答えは p.248

◆p.244 の答え
①math(数学 ※息の TH)、②physical education(体育)、③geography(地理)、④physics(物理)、⑤chemistry(化学)、⑥science(理科)、⑦English(英語)、⑧history(歴史)

Phonics Drill

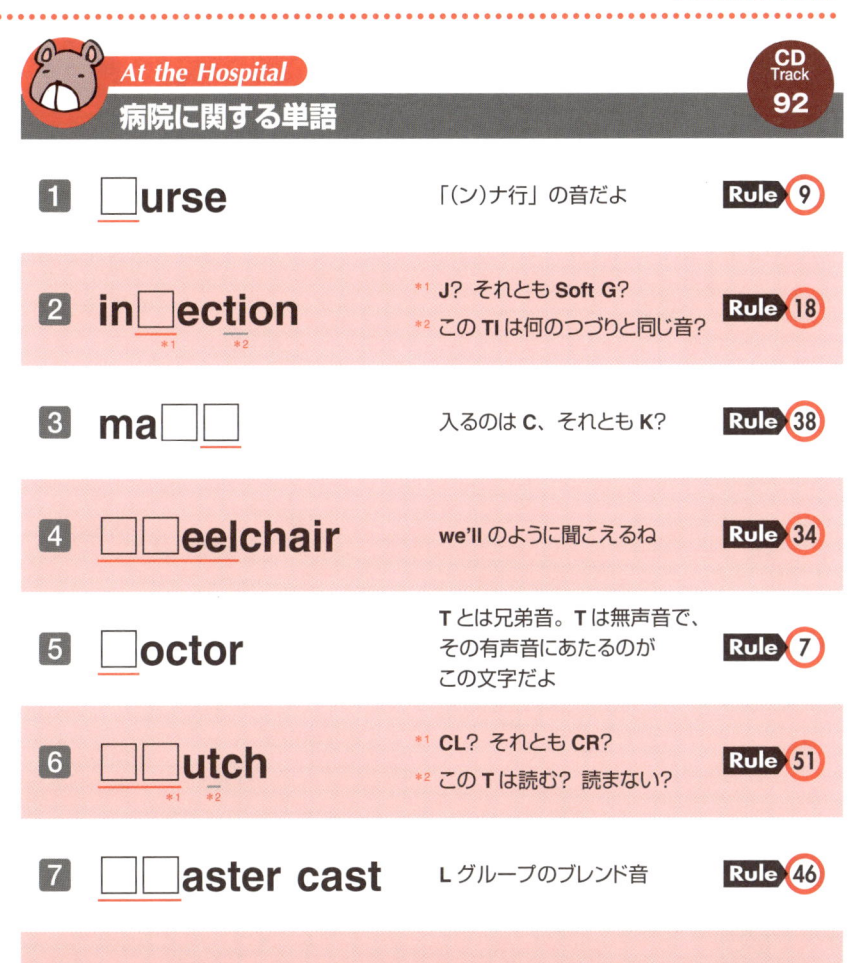

At the Hospital
病院に関する単語

CD Track 92

1. ☐urse — 「(ン)ナ行」の音だよ — Rule 9

2. in☐ection — *¹ J？ それとも Soft G？ *² この TI は何のつづりと同じ音？ — Rule 18
   (*¹ *²)

3. ma☐☐ — 入るのは C、それとも K？ — Rule 38

4. ☐☐eelchair — we'll のように聞こえるね — Rule 34

5. ☐octor — T とは兄弟音。T は無声音で、その有声音にあたるのがこの文字だよ — Rule 7

6. ☐☐utch — *¹ CL？ それとも CR？ *² この T は読む？ 読まない？ — Rule 51
   (*¹ *²)

7. ☐☐aster cast — L グループのブレンド音 — Rule 46

8. ☐☐ing — この文字は明るい音だよ — Rule 47

答えは p.249

◆p.245 の答え
①swivel chair（回転椅子）、②in-tray（未決書類入れ）、③hole punch（穴あけ機・パンチ）、④stapler（ホチキス）、⑤photocopier（コピー機 ※PHはFと同じ音）、⑥paper clip（書類止めのクリップ）、⑦correction fluid（修整液）、⑧fax（ファックス ※ X は K と S でできている）

Vowels

↘ 母音編

穴あき部分をうめて、フォニックスで覚えよう！

Cooking
料理に関する単語
CD Track 93

1	p□□l	同じ文字が入るよ	Rule 66
2	cr□sh	母音字が中央に1つある時、その文字はフォニックス読みをする	Rule 28
3	st□□	入るのは ER, IR, UR のうちどれ？	Rule 77
4	gr□t□	サイレント E なので、最初の□はアルファベット読み	Rule 82
5	st□□m	読むのはどっちの文字？	Rule 66
6	ch□p	フォニックス読み？ それともアルファベット読み？	Rule 27
7	b□□l	母音ペア2で習った読み方だよ	Rule 68
8	gr□ll	E？ それとも I？	Rule 26

答えは p.250

◆ p.246 の答え
① gills（えら）、② fin（ひれ）、③ snout（クジラなどの突き出た鼻）、④ scales（うろこ）、⑤ frog（カエル）、⑥ sunfish（マンボウ）、⑦ trout（マス）、⑧ whale（クジラ）

母音編

Phonics Drill

Transportation
交通に関する単語

CD Track 93

1	bus st□p *1 *1 *2	*1 単語をまたぐけど、SとSは1音として読む *2 フォニックス読み	Rule 27
2	tr□□n station	つづりは違うけど 8 と同じ音だよ	Rule 62
3	c□□	Rのついた母音。舌をそり上げて発音するよ	Rule 75
4	tr□ck	A? それともU?	Rule 24
5	crossr□□d	「オー」と音を伸ばさない。カタカナ発音注意	Rule 67
6	traffic c□n□ *1 *1 *2 *2	*1 C＋Cなので1音扱い。traffic□n□に聞こえる *2 サイレントEだよ	Rule 84
7	rush h□□□	Hは読まないので「私たちの」と同じ音だよ	Rule 81
8	subw□□	つづりは違うけど 2 と同じ音	Rule 62

答えは p.251

◆p.247の答え
①nurse（看護師 ※語尾のEは読まない）、②injection（注射 ※TIはSHと同じ音）、③mask（マスク）、
④wheelchair（車椅子）、⑤doctor（医者）、⑥crutch（松葉杖 ※このTは読まない）、⑦plaster cast（ギブス）、
⑧sling（三角巾・つり包帯 ※明るいL）

Vowels

穴あき部分をうめて、フォニックスで覚えよう！

Drinks
飲み物に関する単語

CD Track 93

#	単語	ヒント	ルール
1	c□k□	最初の□をアルファベット読みするよ	Rule 84
2	t□□	読むのはどっちの文字？	Rule 66
3	milk sh□k□	最初の□をアルファベット読みするよ	Rule 82
4	b□□□	耳ではないほうのつづりです…	Rule 79
5	coc□□	この文字は読む？ 読まない？	Rule 67
6	w□n□	あ、ここにも 1 と 3 の仲間が!	Rule 83
7	fr□□t j□□ce	何と…同じ文字が入るよ!	Rule 65
8	s□da	アルファベット読みをする	Rule 67 (p.174)

答えは p.252

◆p.248 の答え
①peel（皮をむく）、②crush（つぶす）、③stir（かきまぜる）、④grate（おろし金でおろす）、
⑤steam（蒸す ※読むのは E）、⑥chop（玉ねぎなどを刻む ※フォニックス読み）、⑦boil（ぐつぐつ煮る）、
⑧grill（網焼きにする）

◆これで完璧！ 日常単語を使ってフォニックスをものにする！

母音編

Phonics Drill

Parts of the Body
体に関する単語

CD Track 93

#	問題	ヒント	Rule
1	□□m	R のついた母音。舌をそり上げて発音する	Rule 75
2	elb□□	母音ペア①の読み方	Rule 67
3	w□□st	読むのはどっちの文字?	Rule 62
4	□□□	このつづり字がそのままフォニックスのルールになっているね	Rule 79
5	sh□n	E? それとも I?	Rule 26
6	n□□l	読むのはどっちの文字?	Rule 62
7	□nkle	フォニックス読みをする	Rule 24
8	m□□th	th を se に変えると「ネズミ」になるよ	Rule 69

答えは p.253

◆p.249 の答え
①bus stop(バス停)、②train station(鉄道の駅)、③car(車)、④track(鉄道の線路 ※フォニックス読みをする)、
⑤crossroad(十字路)、⑥traffic cone(セーフティーコーン)、
⑦rush hour(ラッシュアワー ※「私たちの」は our)、⑧subway(地下鉄)

Vowels

穴あき部分をうめて、フォニックスで覚えよう!

Symbols and Shapes
記号と形に関する単語

CD Track 94

1	squ□□□	*1 ただし読み方は SKW だよ *2 ここには「空気」が入る?	Rule 78
2	□val	この文字をアルファベット読みする	Rule 67 (p.174)
3	c□b□	3、6、7 の語尾には同じ文字が入るよ	Rule 85
4	c□□cle	入る文字は ER, IR, UR のどれ?	Rule 77
5	st□□	R の音色が響く	Rule 75
6	l□n□	最初の□をアルファベット読みする	Rule 83
7	c□n□	O は「王」のイメージで発音しよう	Rule 84
8	arr□□	母音ペア①? それとも母音ペア②の読み方?	Rule 67

答えは p.254

◆p.250 の答え
①coke(コーラ)、②tea(紅茶 ※読むのは E)、③milk shake(ミルクシェイク)、④beer(ビール)、
⑤cocoa(ココア ※この A は読まない)、⑥wine(ワイン ※①、③、⑥共にサイレント E)、
⑦fruit juice(フルーツジュース)、⑧soda(ソーダ)

これで完璧! 日常単語を使ってフォニックスをものにする!

母音編

Phonics Drill

Nature
自然に関する単語

CD Track 94

1	d□sert	ここが強アクセントの箇所。ERのほうを強く読むと「デザート」になっちゃうよ	Rule 25
2	p□n□ cone	両方ともサイレントEのルールだね	Rule 83
3	m□□ntain	母音ペア2の読み方	Rule 69
4	c□□stline	カタカナ発音につられて「オー」と言わないように	Rule 67
5	w□□d	Short音？ それともLong音？	Rule 72
6	p□□m tree	このLは読む？ 読まない？	Rule 88 (p.231)
7	p□nd	フォニックス読みをする	Rule 27
8	br□□k	Short音？ それともLong音？	Rule 72

答えは p.255

◆p.251の答え
①arm（腕）、②elbow（ひじ）、③waist（ウエスト ※読むのはA）、④ear（耳）、
⑤shin（向こうずね ※フォニックス読み）、⑥nail（つめ ※読むのはA）、⑦ankle（足首）、
⑧mouth（口 ※「ネズミ」はmouse）

253

Vowels

これで完璧！日常単語を使ってフォニックスをものにする！

穴あき部分をうめて、フォニックスで覚えよう！

Country Names
国名の単語

CD Track 94

1	N☐☐ Zealand	N を M に変えたら… 猫の鳴き声になる	Rule 70
2	T☐☐key	7 の下線部分と同じ音、でもつづりは異なるよ	Rule 77
3	Jam☐☐ca	最初の☐をアルファベット読みする。カタカナ発音注意	Rule 62
4	Mexic☐	アルファベット読みをする。「オー」と読まない	Rule 67 (p.174)
5	☐☐stria	「オー」それとも「オゥ」？	Rule 74
6	R☐ssia	O? それとも U?	Rule 28
7	G☐☐many	2 の下線部分と同じ音だけど、つづりは異なるよ	Rule 77
8	N☐☐way	R つき母音なので、舌をそり上げて発音	Rule 76

答えは p.256

◆ p.252 の答え
①square（正方形 ※空気 (air) ではなく are が入る）、②oval（卵型）、③cube（立方体 ※終わりの音は B）、④circle（円）、⑤star（星）、⑥line（線 ※終わりの音は N）、⑦cone（円錐 ※終わりの音は N）、⑧arrow（矢印 ※母音ペア①の読み方）

Phonics Drill

At the Airport
空港に関する単語

CD Track 94

1. in-fl□□t meal この2文字は読む? 読まない? Rule 33
2. □□f□□□ 音は同じだけど… つづり方はぜんぜん違うよ Rule 78
3. s□□tcase 読むのはどっちの文字? Rule 65
4. duty-fr□□ shop 7 の下線部分と同じ音。でもつづりは異なるよ Rule 66
5. control t□□□□ この部分、hour(時間)と同音異義語 Rule 81
6. c□stoms O? それとも U? Rule 28
7. wind□□ seat 母音ペア1それとも母音ペア2? Rule 67
8. p□□ter Rのついた母音なので、舌をそり上げて発音 Rule 76

答えは p.257

◆p.253 の答え
①desert(砂漠 ※デザートのつづりは dessert)、②pine cone(松ぼっくり)、③mountain(山)、
④coastline(海岸線)、⑤wood(森 ※短い OO、⑤と⑧は同じつづり字が入る)、
⑥palm tree(ヤシの木 ※この L は読まない)、⑦pond(池)、⑧brook(小川 ※短い OO)

Vowels

穴あき部分をうめて、フォニックスで覚えよう！

Clothing
洋服に関する単語 CD Track 95

#	単語	ヒント	Rule
1	bl□□se	母音ペア②の音。漢字の「会う」とイメージすればよし	Rule 69
2	sk□□t	入る文字は ER, IR, UR のどれ？	Rule 77
3	dr□ss	母音字が中央に1つある時、その文字はフォニックス読みをすると習ったね	Rule 25
4	s□cks	*1 フォニックス読み　*2 cks の音は KS なので、s□x に聞こえるね	Rule 27
5	j□□ns	EE？ それとも EA？	Rule 66
6	t□□	読むのはどっちの文字？	Rule 64
7	b□□ts	Short 音？ それとも Long 音？	Rule 73
8	p□nts	フォニックス読みをするよ	Rule 24

答えは p.258

◆p.254 の答え
①New Zealand（ニュージーランド ※猫の鳴き声は mew）、②Turkey（トルコ）、③Jamaica（ジャマイカ）、
④Mexico（メキシコ ※Oのイメージは「王」で覚えよう）、⑤Austria（オーストリア ※「オー」）、⑥Russia（ロシア）、
⑦Germany（ドイツ）、⑧Norway（ノルウェイ）

◆これで完璧！ 日常単語を使ってフォニックスをものにする！

母音編

Phonics Drill

Cars
車に関する単語
CD Track 95

1	t□□□	語尾の文字は読む？読まない？	Rule 80
2	conv□□tible	強アクセントのある箇所はここ。カタカナ英語に注意!	Rule 77
3	h□□d	3 と 7、どっちが Short 音でどっちが Long 音？	Rule 72
4	sp□□ts car	どちらも R のついた母音だね	Rule 76
5	r□□□view mirror	「耳」の音が入るよ	Rule 79
6	br□k□ light	break（壊す）と同音異義語だよ	Rule 82
7	sal□□n car	3 と読み方を比較してね	Rule 73
8	st□□□ing wheel	「耳」と同じ読み方、でもつづりは異なるよ	Rule 79

答えは p.259

◆ p.255 の答え
①in-flight meal（機内食 ※ GH は読まない）、②airfare（航空運賃）、③suitcase（スーツケース ※読むのは U）、④duty-free shop（免税店）、⑤control tower（管制塔）、⑥customs（税関）、⑦window seat（窓側の座席 ※母音ペア①）、⑧porter（ポーター）

Consonants & Vowels

子音と母音の混合編

穴あき部分をうめて、フォニックスで覚えよう!

これで完璧！日常単語を使ってフォニックスをものにする！

Vegetables
野菜に関する単語

CD Track 96

1	ca□□age	2字1音	Rule 1
2	g□□lic	Rのついた母音なので、舌をそり上げて発音する	Rule 75
3	spina□□	こちらも2字1音	Rule 29
4	l□□k	EA？ それとも EE？	Rule 66
5	ce□ery	「明るい音」？ それとも「暗い音」？	Rule 14
6	Brussels □□□out	SPL？ それとも SPR？	Rule 58
7	m□shroom	フォニックス読みをする	Rule 28
8	p□□s	4 の下線部分と同じ音だけど…つづりは異なるよ！	Rule 66

答えは p.260

◆ p.256 の答え
①blouse（ブラウス）、②skirt（スカート）、③dress（女性用の服・ドレス）、④socks（靴下）、
⑤jeans（ジーンズ ※ EA）、⑥tie（ネクタイ ※読むのは I）、⑦boots（ブーツ ※長い OO）、⑧pants（ズボン）

子音と母音の混合編

Phonics Drill

In the Kitchen
キッチンに関する単語

CD Track 96

#	単語	ヒント	Rule
1	f□□cet	国名のテーマ（5）にも出てきた音だね	Rule 74
2	di□□wa□□er	2か所仲良く同じ文字が入るよ	Rule 30
3	f□□l	Fをとったら「油」になる	Rule 68
4	wo□	Hard C? それともK?	Rule 4
5	□□idge	上前歯を下唇にあてて発音するよ	Rule 52
6	□□ender	BL? それともBR?	Rule 48
7	t□□ster	読むのはどっちの文字?	Rule 67
8	dishclo□□	息? それとも声の音?	Rule 31

答えは p.261

◆p.257 の答え
①tire（タイヤ ※語尾のEは読まない）、②convertible（オープンカー）、③hood（ボンネット ※短いOO、③と⑦は同じつづり字が入る）、④sports car（スポーツカー）、⑤rearview mirror（バックミラー）、⑥brake light（ブレーキライト）、⑦saloon car（セダン型乗用車 ※長いOO）、⑧steering wheel（ハンドル）

Consonants & Vowels

穴あき部分をうめて、フォニックスで覚えよう!

Pets
ペットに関する単語
CD Track 96

1	ca☐	舌打ちみたいな音だね	Rule 6
2	p☐☐	p を l に変えると「法律」になるよ	Rule 74
3	☐☐opical fish	R グループのブレンド音だよ	Rule 50
4	c☐g☐	サイレント E なので語尾の E は読まない	Rule 82
5	☐ennel	ここに入るのは Hard C? それとも K?	Rule 4
6	whi☐☐ers	SC? それとも SK?	Rule 38
7	f☐☐	ここに入るのは ER, IR, UR のうちどれ?	Rule 77
8	do☐	語尾でははっきりと聞こえない	Rule 5

答えは p.262

◆p.258 の答え
①cabbage(キャベツ)、②garlic(にんにく)、③spinach(ホウレンソウ)、
④leek(セイヨウニラネギ ※長ネギに似ている)、⑤celery(セロリ ※明るい L)、
⑥Brussels sprout(芽キャベツ)、⑦mushroom(キノコ)、⑧peas(エンドウ豆)

これで完璧! 日常単語を使ってフォニックスをものにする!

子音と母音の混合編

Phonics Drill

Colors
色の単語

CD Track 96

1	wh□t□	このつづりは何のルール？	Rule 83
2	□ed	誤って「導く」の過去形にしないように	Rule 15
3	□ellow	漢字の「嫌」をイメージして発音しよう	Rule 21
4	bl□□	読むのはどっちの文字？	Rule 65
5	bla□□	2字1音	Rule 35
6	br□□n	3 の語尾とは読み方は違うよ	Rule 69
7	tur□□oise	こう書いて… KW と読むよ!	Rule 20
8	□□een	このブレンド音は GR? それとも GL?	Rule 56

答えは p.263

◆p.259 の答え
①faucet（蛇口）、②dishwasher（食器洗い機）、③foil（アルミ箔 ※「油」は oil）、④wok（中華鍋）、
⑤fridge（冷蔵庫）、⑥blender（料理用ミキサー）、⑦toaster（トースター ※読む文字は O）、
⑧dishcloth（ふきん ※息の TH）

Consonants & Vowels

穴あき部分をうめて、フォニックスで覚えよう！

Seasons and Weather
季節と天気に関する単語

CD Track 97

これで完璧！ 日常単語を使ってフォニックスをものにする！

1	☐☐☐ing	この部分を一気に読み上げる	Rule 58
2	f☐☐☐	fare（運賃）は同音異義語だよ	Rule 78
3	su☐☐er	2字1音	Rule 8
4	☐☐under	息？ それとも声の音？	Rule 31
5	sn☐☐y	母音ペア①それとも母音ペア②？	Rule 67
6	w☐nter	この3文字で「勝つ」に！	Rule 26
7	fo☐☐y	ここも2字1音	Rule 5
8	f☐☐☐	この部分は「暗い音」で読む	Rule 88

答えは p.264

◆ p.260 の答え
①cat（猫）、②paw（動物の足 ※なお「法律」は law）、③tropical fish（熱帯魚）、④cage（かご・おり）、⑤kennel（犬小屋）、⑥whiskers（猫などのひげ）、⑦fur（うさぎなどの柔らかい毛）、⑧dog（犬）

子音と母音の混合編

Phonics Drill

Musical Instruments
楽器に関する単語

CD Track 97

1	☐iolin	B？ それとも V？	Rule 11
2	tromb☐n☐	この単語を読んだ時の終わりの音は何？	Rule 84
3	ob☐e	この文字をアルファベット読みする。語末の E は読まない	Rule 67 (p.174)
4	☐☐arinet	CL？ それとも CR？	Rule 44
5	harm☐nica	フォニックス読みをするよ	Rule 27
6	fl☐t☐	この単語を読んだ時の終わりの音は何？	Rule 85
7	☐☐um	R グループのブレンド音だよ	Rule 55
8	☐ymbal	S？ それとも Soft C？	Rule 22

答えは p.265

◆p.261 の答え
①white（白）、②red（赤 ※「導く」の過去形は led）、③yellow（黄色 ※母音ペア①）、
④blue（青 ※読むのは U の文字）、⑤black（黒）、⑥brown（茶 ※母音ペア②）、
⑦turquoise（青緑）、⑧green（緑）

Consonants & Vowels

穴あき部分をうめて、フォニックスで覚えよう！

Sports
スポーツに関する単語

CD Track 97

1	so□□er	2字1音	Rule 3
2	volleyb□□□	どっちが「明るい L」でどっちが「暗い L」？	Rule 88
3	□oxing	P とは兄弟音。P は無声音で、その有声音にあたるのがこの文字だよ	Rule 1
4	□□orkeling	気をつけて。カタカナ英語と全然違う音だよ！	Rule 43
5	t□nnis	フォニックス読みをする	Rule 25
6	□□□ash	こうつづって W と読むよ	Rule 40
7	cy□□ing	どっちが Soft 音でどっちが Hard 音？	Rule 44
8	□olf	Hard C とは兄弟音。Hard C は無声音で、その有声音にあたるのがこの文字だよ	Rule 5

答えは p.266

◆p.262 の答え
①spring(春)、②fair(快晴の)、③summer(夏)、④thunder(雷 ※息の TH)、
⑤snowy(雪の降る ※母音ペア①)、⑥winter(冬)、⑦foggy(霧の深い)、⑧fall(秋)

これで完璧！日常単語を使ってフォニックスをものにする！

子音と母音の混合編

Phonics Drill

Family Members
家族に関する単語

CD Track 97

① □ife　　ひょっとこの口で発音するよ　　Rule 19

② h□sband　強アクセントのある箇所はここ　Rule 28

③ f□ther　　長い音が入るよ　　Rule 88 (p.231)

④ d□□ghter　「オー」？ それとも「オゥ」？　Rule 74

⑤ bro□□er　息？ それとも声の音？　Rule 32

⑥ s□ster　　フォニックス読みをする　Rule 26

⑦ n□□ce　　読むのはどっちの文字？　Rule 63

⑧ neph□□　この部分は few（少数の）と同じ音だよ　Rule 70

答えは p.267

◆p.263 の答え
①violin（バイオリン）、②trombone（トロンボーン ※終わりの音は N）、③oboe（オーボエ）、
④clarinet（クラリネット）、⑤harmonica（ハーモニカ）、⑥flute（フルート ※終わりの音は T）、
⑦drum（ドラム）、⑧cymbal（シンバル）

Consonants & Vowels

これで完璧！ 日常単語を使ってフォニックスをものにする！

穴あき部分をうめて、フォニックスで覚えよう！

Wild Animals
野生動物に関する単語

CD Track 98

1 ☐☐eetah
*¹ *²
*¹ 2字1音
*² この H は読まない
Rule 29

2 fo☐
こちらは1字2音
Rule 16

3 kangar☐☐
Short 音？
それとも Long 音？
Rule 73

4 d☐☐☐
ここに入るのは
耳じゃなくて…？
Rule 79

5 ☐ebra
Z と読む S が入る？
Rule 13

6 m☐n☐
main（主な）と
同音異義語だよ
Rule 82

7 ☐ntlers
フォニックス読みする。ちなみ
に J リーグのクラブ名にもなっ
ているこの単語、意味は何？
Rule 24

8 ☐uffalo
発音注意。O のアルファベット
読みは「オー」じゃなくて…？
Rule 1

答えは p.268

◆p.264 の答え
①soccer（サッカー）、②volleyball（バレーボール ※中央の LL は「明るい L」、語尾の LL は「暗い L」）、
③boxing（ボクシング）、④snorkeling（シュノーケリング）、⑤tennis（テニス）、⑥squash（スカッシュ）、
⑦cycling（サイクリング ※最初の C は Soft C、2番目の C は Hard C）、⑧golf（ゴルフ）

Phonics Drill

Computers
コンピューターに関する単語

CD Track 98

1. m☐nu bar — フォニックス読みをする — Rule 25
2. display ☐☐☐een — 3文字を一気に読み上げる — Rule 61
3. ☐☐inter — PL？ それとも PR？ — Rule 53
4. t☐☐lbar — Short 音？ それとも Long 音？ — Rule 73
5. ☐ouse — 「(ン) マ行」の音 — Rule 8
6. c☐☐sor — 入るのは ER, IR, UR のうちどれ？ — Rule 77
7. f☐nt — フォニックス読み？ それともアルファベット読み？ — Rule 27
8. ☐☐☐eadsheet — 3文字を一気に読み上げる — Rule 58

答えは p.269

◆p.265 の答え
①wife（妻 終わりの音は F）、②husband（夫）、③father（父）、④daughter（娘 ※「オー」と読む）、
⑤brother（兄弟 ※声の TH）、⑥sister（姉妹）、⑦niece（姪 ※読むのは E）、⑧nephew（甥）

◆◇ これで完璧！日常単語を使ってフォニックスをものにする！

◆p.266 の答え
①cheetah(チーター)、②fox(キツネ)、③kangaroo(カンガルー ※長い OO)、④deer(シカ)、
⑤zebra(シマウマ ※ Z が入る)、⑥mane(馬などのたてがみ)、⑦antlers(シカの枝角)、
⑧buffalo(バッファロー ※ O のアルファベット読みは「オゥ」)

◆p.267 の答え
①menu bar(メニューバー)、②display screen(画面)、③printer(プリンター)、
④toolbar(ツールバー ※長い OO)、⑤mouse(マウス)、⑥cursor(カーソル)、
⑦font(フォント ※フォニックス読み)、⑧spreadsheet(スプレッドシート)

発音記号対比表

つづり字と発音記号の相関チャート

1字つづりの子音		1字つづりの母音		母音ペア①		Rのついた母音	
B	b	A	æ	AI	ei	AR	ɑːr
P	p	E	e	AY	ei	OR	ɔːr
Hard C	k	I	i	IE(1)	iː	ORE	ɔːr
K	k	O	ɑ	IE(2)	ai	ER	ər
Hard G	g	U	ʌ	UE	uː or juː	IR	ər
T	t			UI	uː or juː	UR	ər
D	d	二重子音字(Digraph)		EA	iː	AIR	ɛər
M	m	CH	tʃ	EE	iː	ARE	ɛər
N	n	SH	ʃ	OA	ou	EAR	iər
F	f	息のTH	θ	OW	ou	EER	iər
V	v	声のTH	ð			IRE	aiər
S	s	GH	f	母音ペア②		OUR	auər
Z	z	PH	f	OI	ɔi	OWER	auər
L	l	WH	hw	OY	ɔi	サイレントE	
R	r	CK	k	OU	au	A_E	ei
X	ks	NG	ŋ	OW	au	I_E	ai
H	h			EW	uː or juː	O_E	ou
J	dʒ	子音ブレンド(Blend)		EI	ei	U_E	uː or juː
W	w	SC	sk	短いOO	u	E_E	iː
QU	kw	SQU	skw	長いOO	uː		
Y	j	CL	kl	AU	ɔː	その他	
Soft C	s	CR	kr	AW	ɔː	LY & LLY	li
Soft G	dʒ	THR	θr			AL & ALL	ɔːl
		SCR	skr			S & SI	ʒ

※ 左:つづり / 右:発音記号
※ つづりによっては2通り以上の読み方をするものもあります。
※ 子音ブレンド音はつづり字と発音記号の表記がほぼ一緒のため、異なるものだけをチャートに加えておきました。

●著者略歴●

ジュミック今井（Jumique Imai）

英国留学から帰国後、大手英会話スクールの主任教師を経て、東京都渋谷区に英会話教室を主宰。フリーランスとして翻訳業、および語学書の執筆活動を行っている。現在、読売・日本テレビ文化センター（横浜）にて「大人のフォニックス講座」を担当。
趣味はレース編み、映画鑑賞、海外旅行。特に数年前から台湾の食と文化にはまっており、目下 trilingual（3ヵ国語話者）を目指して真剣に中国語を勉強中。
著書に『やっぱりイギリス英語が好き！』『フォニックス〈発音〉トレーニングBOOK』『実践フォニックス〈会話〉トレーニングブック』『あたりまえだけどなかなかできない英語発音のルール』（以上、明日香出版社）、『ママとキッズのはじめてのフォニックス』（すばる舎）、共著に『U.S.A 小学校テキスト発 英語de ドリル』（講談社）などがある。

ジュミック今井のサイト：
http://www.jumique.com/

◎ **Special Thanks**

青木舞	石渡豊子
今井都香子	櫛引瑞香
リッツ佐藤	田中圭子
出水ゆり子	鳥越忍
中田直子	中村陽子
西寿美恵	森照美

（敬称略）

協力／読売・日本テレビ文化センター横浜

本書の内容に関するお問い合わせ
明日香出版社　編集部
☎ (03) 5395-7651

CD BOOK　ドリル式フォニックス〈発音〉練習BOOK

2009年9月22日　初版発行
2020年3月26日　第14刷発行

著　者　ジュミック今井
発行者　石　野　栄　一

〒112-0005　東京都文京区水道2-11-5
電話 (03) 5395-7650（代　表）
　　 (03) 5395-7654（F A X）
郵便振替00150-6-183481
http://www.asuka-g.co.jp

明日香出版社

■スタッフ■　編集　小林勝／久松圭祐／古川創一／藤田知子／田中裕也
　　　　　　営業　渡辺久夫／奥本達哉／横尾一樹／関山美保子／藤本さやか
　　　　　　財務　早川朋子

印　刷　株式会社研文社
製　本　根本製本株式会社
ISBN978-4-7569-1328-9 C2082

乱丁本・落丁本はお取り替えいたします。
©Jumique Imai 2009 Printed in Japan

大好評ロングセラー「フォニックス」シリーズ！

CD BOOK フォニックス＜発音＞トレーニング

ジュミック今井

フォニックスは、もともと英語圏の子供たちが文字を読むことができるように開発された指導法。英語のスペルから発音のルールを学びます。これまでの単調な発音トレーニングとは違い、いろんな単語を、楽しくリズムに乗せて練習できます！
CDはまるで今井先生の個別授業を受けているかのようなライブ感。

本体価格 1500円＋税　A5 並製　252 ページ
ISBN4-7569-0844-6　2005/02 発行

CD BOOK 実践フォニックス＜会話＞トレーニング

ジュミック今井

フォニックスを会話でも生かして、かっこいい英語を話せるようになってみませんか？　発音しにくいカタカナ英語、センテンス、ダイアログ…と、練習用の例文を豊富に揃えました。
もっと流暢な発音できちんと話したい方に必須の書籍です！

本体価格 1600円＋税　A5 並製　208 ページ
ISBN4-7569-0947-7　2006/01 発行

中嶋健造（なかじま・けんぞう）
　1962年　高知県いの町生まれ
　　　　　（特非）土佐の森・救援隊理事長，（特非）持続可能な環境共生林業を実現する自伐型林業推進協会代表理事
　主　著　『バイオマス材収入から始める副業的自伐林業』全国林業改良普及協会，2012年
　　　　　『New 自伐型林業のすすめ』全国林業改良普及協会，2015年
　H　P　「自伐型林業推進協会」http://jibatsukyo.com/

成相　脩（なりあい・おさむ）
　1947年　島根県松江市生まれ
　2012年　逝去
　　　　　（特非）日本古民家研究会元理事長，雑誌『さんいんキラリ』元プロデューサー
　主　著　『古民家のひとりごと』ハーベスト出版，2011年

住田済三郎（すみだ・さいざぶろう）
　1940年　鳥取県米子市生まれ
　　　　　（株）笑い庵代表取締役社長，笑い通り商店街振興組合理事長

岩本　悠（いわもと・ゆう）
　1979年　東京都生まれ
　　　　　島根県教育魅力化特命官，（一社）地域・教育魅力化プラットフォーム共同代表
　主　著　『未来を変えた島の学校──隠岐島前発　ふるさと再興への挑戦』（共著）岩波書店，2015年
　ブログ　「悠学日記」http://plaza.rakuten.co.jp/yougakudiary/
　H　P　「地域・教育魅力化プラットフォーム」http://c-platform-or-jp.webnode.jp/

中島諒人（なかしま　まこと）
　1966年　鳥取県鳥取市生まれ
　　　　　演出家，鳥の劇場主宰
　H　P　「鳥の劇場」http://www.birdtheatre.org/

土井康作（どい・こうさく）
　1953年　岡山県高梁市生まれ
　1995年　東京学芸大学大学院修士課程修了
　現　在　鳥取大学名誉教授，鳥取大学地域学部地域学科国際地域文化コース名誉教授
　専　門　技術教育学
　主　著　『技術教育における作業段取りの教育的効果』風間書房，2004年
　　　　　『授業研究法入門』図書文化，2009年

《編著者紹介》

柳原邦光（やなぎはら・くにみつ）序章，第1章，終章
 1956年 島根県大田市生まれ
 1991年 広島大学大学院文学研究科博士課程後期単位取得満期退学（西洋史学専攻）
 現　在 鳥取大学地域学部地域学科国際地域文化コース教授
 専　門 フランス近代史
 主　著 『支配の文化史』（共著）ミネルヴァ書房，1997年
    「J-P. ヴィレームのフランス市民宗教論」『中国四国歴史学地理学協会年報第6号』2010年

光多長温（みつた・ながはる）第2章，第8章
 1943年 熊本県熊本市生まれ
 1967年 東京大学経済学部卒業
 現　在 公益財団法人都市化研究公室理事長，鳥取大学地域学部地域政策学科元教授
 専　門 地域経済学
 主　著 『超高齢化社会』中央経済社，2012年
    『大阪版市場化テストを検証する』（共著）中央経済社，2014年

家中　茂（やなか・しげる）第4章
 1954年 東京都墨田区生まれ
 2000年 関西学院大学大学院社会学研究科博士課程後期課程単位取得満期退学
 現　在 鳥取大学地域学部特任教授
 専　門 村落社会学，環境社会学
 主　著 『日本のコモンズ思想』（共著）岩波書店，2014年
    『林業新時代──「自伐」がひらく農林家の未来』（共著）農山漁村文化協会，2014年

仲野　誠（なかの・まこと）第5章，コラム
 1965年 山形県河北町生まれ
 1993年 ミシガン州立大学大学院（社会学）修了
 1997年 関西学院大学大学院社会学研究科博士課程後期課程中途退学
 2016年 逝去
    鳥取大学地域学部地域政策学科元教授
 専　門 社会学
 主　著 『阪神・淡路大震災の社会学　第3巻──復興・防災まちづくりの社会学』（共著）昭和堂，1999年
    『地域政策 入門──未来に向けた地域づくり』（共著）ミネルヴァ書房，2008年

地域学 入門
──〈つながり〉をとりもどす──

2011年4月20日　初版第1刷発行　　　　　　　〈検印省略〉
2021年1月30日　初版第6刷発行

定価はカバーに
表示しています

編著者	柳原光家仲	原多中野	邦長	光温茂誠

発行者　杉　田　啓　三
印刷者　坂　本　喜　杏

発行所　株式会社　ミネルヴァ書房
607-8494　京都市山科区日ノ岡堤谷町1
電話代表 (075)581-5191番
振替口座　01020-0-8076番

©柳原・光多・家中・仲野, 2011　冨山房インターナショナル・藤沢製本

ISBN 978-4-623-06024-5
Printed in Japan

藤井正・光多長温・小野達也・家中茂 編著 **地域政策 入門** ──未来に向けた地域づくり	A5・344頁 本体3,000円
宮川泰夫・山下潤 編著 **地域の構造と地域の計画**	A5・304頁 本体3,500円
井口貢 編著 **入門 文化政策** ──地域の文化を創るということ	A5・268頁 本体2,800円
宮本憲一監修・遠藤宏一・岡田知弘・除本理史 編著 **環境再生のまちづくり** ──四日市から考える政策提言	A5・344頁 本体3,500円
嘉田由紀子・槌田劭・山田國廣 編著 **共感する環境学** ──地域の人びとに学ぶ	A5・256頁 本体2,500円
足立基浩 著 **シャッター通り再生計画** ──明日からはじめる活性化の極意	四六・222頁 本体2,200円
石倉三雄 著 **地場産業と地域振興** ──集中型社会から分散型社会への転換	A5・384頁 本体4,500円
牧里毎治・野口定久 編著 **協働と参加の地域福祉計画** ──福祉コミュニティの形成に向けて	A5・288頁 本体3,400円
野口定久 著 **地域福祉論** ──政策・実践・技術の体系	A5・372頁 本体2,600円
川村匡由 編著 **市町村合併と地域福祉** ──「平成の大合併」全国実態調査からみた課題	A5・362頁 本体4,000円
鳥越皓之・帯谷博明 編著 **よくわかる環境社会学**	B5・210頁 本体2,400円
川口清史・田尾雅夫・新川達朗 編 **よくわかるNPO・ボランティア**	B5・224頁 本体2,500円
植村勝彦・高畠克子・箕口雅博・原裕視・久田満 編 **よくわかるコミュニティ心理学**	B5・220頁 本体2,400円
上野谷加代子・松端克文・山縣文治編 **よくわかる地域福祉**	B5・200頁 本体2,200円

──── ミネルヴァ書房 ────

http://www.minervashobo.co.jp/